MÂNCAȚE VEGANE DE STRADA: BURGERI, TACOS, GYROS ȘI MULTE

Satisfacerea poftelor vegane, câte o bucată pe stradă

Sabina Tocmelea

Material cu drepturi de autor ©2023

Toate drepturile rezervate

Nicio parte a acestei cărți nu poate fi utilizată sau transmisă sub nicio formă sau prin orice mijloc fără acordul scris corespunzător al editorului și al proprietarului drepturilor de autor, cu excepția citatelor scurte utilizate într-o recenzie. Această carte nu trebuie considerată un substitut al sfaturilor medicale, juridice sau de altă natură profesională.

CUPRINS _

- CUPRINS _ 3
- **INTRODUCERE** 6
- **BURGERI** 7
  - 1. Shiitake cu curry -Roșii stivuite 8
  - 2. Napoleon verzi prăjiți cu salată de varză 10
  - 3. Burgeri cu roșii și avocado 13
  - 4. Burger de legume fără grătar 15
  - 5. Stivuitoare cu unt de mere și arahide 18
  - 6. Roșii verzi prăjite 20
  - 7. Chifle de burger cu cartofi dulci 22
  - 8. Portabella și burgeri vegani Halloumi 24
  - 9. Burger fără carbohidrați cu fasole neagră și quinoa cu conținut scăzut de carbohidrați 26
  - 10. Burger stivuit fără chifle 29
- **BURGER BOLS** 32
  - 11. Burger vegetal într-un castron 33
  - 12. Boluri pentru burgeri cu legume la grătar 35
  - 13. Boluri pentru burgeri Teriyaki 37
  - 14. Bol cu sos de maia-muștar 39
  - 15. pentru burgeri cu legume și varză ascuțită 42
  - 16. Bol cu burrito cu burrito vegetal 45
  - 17. Burgeri cu castron de tofu 47
- **ROLULE VEGGIE** 49
  - 18. Rulouri de vară cu sos chile-lime 50
  - 19. Rulouri de legume cu tofu condimentat la cuptor 52
  - 20. Rulouri de hârtie de orez cu ciuperci 55
  - 21. Rulouri de hârtie de orez cu avocado și legume 58
  - 22. Rulouri Curcubeu cu Sos de Arahide Tofu 60
  - 23. Rulouri de primăvară cu mango 62
  - 24. amestecate cu sos de căpșuni 64
  - 25. Rulouri de vară cu fructe tropicale 67
  - 26. Rulouri de hârtie de orez cu fructe de pădure și legume .. 70
  - 27. Rulouri de hârtie de orez inspirate de trandafiri 73
  - 28. Rulouri de hârtie de orez cu tofu și bok choy 75
- **PIZZA** 77
  - 29. Pizza cu ananas dulce și picant 78
  - 30. Pizza albă nectarine 80
  - 31. Pizza cu capsuni la gratar 82
  - 32. Smochine și Pizza Radicchio 84
  - 33. Pizza Bianca cu piersici 86
  - 34. Pizza vegană cu pepene verde 88

- 35. Pizza cu fructe de jac la grătar 90
- 36. Pizza de dovlecei cu mere și nuci pecan 93
- 37. Pizza Portobello și măsline negre 95
- 38. Pizza vegană cu ciuperci albe 97
- 39. Mini pizza Portobello 99
- 40. Pizza ușoară Microgreen Forest 101
- 41. Pizza Chanterelle cu brânză vegană 103
- 42. Pizza vegană cu ciuperci și șalotă 105
- 43. Roșii galbene Pizza albă 107
- 44. Brocoli Pizza 109
- 45. Pizza Chard 112
- 46. Pizza cu mazăre și morcovi 115
- 47. Pizza cu cartofi, ceapă și chutney 118
- 48. Pizza cu rădăcini prăjite 121
- 49. Pizza cu salata de rucola 124
- 50. Pizza cu ceapa caramelizata 126
- 51. Pizza cu pinaci la gratar 128
- 52. O pizza cu rugula și lămâie 130
- 53. Pizza proaspătă de grădină 132
- 54. Roma Fontina Pizza 134
- 55. Pizza cu anghinare cu spanac 136
- 56. Pizza Vegană Caprese 138
- 57. Pizza Gratar Cu Conopida Crocanta 140
- 58. Pizza cu legume la grătar 142
- 59. Pizza cu ar tichoke și măsline 144
- 60. Pizza vegană cu pepperoni cu dovlecel 146
- 61. Crusta de pizza de linte rosie 148
- 62. Pizza picantă cu fasole Pinto 150
- 63. Pizza cu fasole Nacho 152
- 64. Pizza de mango cu fasole neagră 154
- 65. BBQ Porumb Jalapeno Pizza cu cartofi dulci 156
- 66. Pizza cu crema de porumb 158

BURRITOS 161
- 67. Burrito cu caise 162
- 68. Baby Bean Burritos 164
- 69. Burritos cu fasole și orez 166
- 70. Fasole și Tvp Burritos 168
- 71. Burrito cu cireșe 170
- 72. Burrito cu nuci 172
- 73. Burritos cu porumb și orez 174
- 74. Fiesta Bean Burrito 176
- 75. Burritos congelator 178
- 76. Caserolă Matzo Burrito 180
- 77. Burritos cu fasole la microunde 182

- 78. Burritos cu legume la cuptorul cu microunde 184
- 79. Burrito cu legume mixte 186
- 80. Burrito Mojo cu fasole neagră 188
- 81. Burritos cu legume Pepita 190
- 82. Burritos Seitan 192
- 83. Burrito Umplere 194
- 84. Burritos Grande vegetarian 196

TACOS 198
- 85. Tacos crocant cu naut 199
- 86. Tacos Tempeh 201
- 87. Tacos cu ciuperci cu crema de Chipotle 203
- 88. Tacos cu linte, kale și quinoa 205
- 89. Tacos de fasole neagră cu salsa de porumb 207
- 90. Tacos Haloumi la grătar 209
- 91. Taco simplu vegan 211
- 92. Taco cu fasole și porumb la grătar 213
- 93. Taco cu salată de fasole neagră și orez 215
- 94. Tacos mestecat cu nuci 217
- 95. Seitan Tacos 219

GYROS 221
- 96. Gyros de naut si legume 222
- 97. Gyros cu ciuperci Portobello la grătar 224
- 98. Gyros de fructe de jac 226
- 99. Tofu Gyros 228
- 100. Gyros de linte și ciuperci 230

CONCLUZIE 232

INTRODUCERE

Bine ați venit la „MÂNCATE VEGANE DE STRADA: BURGERI, TACOS, GYROS ȘI MULTE", pașaportul dvs. pentru a satisface poftele vegane, câte o bucată de stradă. Această carte de bucate este o sărbătoare a deliciilor pe bază de plante inspirate de mâncarea stradală din întreaga lume. Alăturați-vă nouă în timp ce pornim într-o călătorie pentru a recrea aromele, texturile și satisfacția mâncărurilor voastre preferate de pe stradă - totul în timp ce îl păstrați delicios vegan.

Imaginați-vă să savurați aroma de burgeri pe bază de plante la grătar, să vă bucurați de tacosul vegan și să vă răsfățati cu bunătatea savuroasă a giroscopului pe bază de plante. „MÂNCATE VEGANE DE STRADA: BURGERI, TACOS, GYROS ȘI MULTE" este mai mult decât o simplă colecție de rețete; este o explorare a creativității și diversității pe care ingredientele pe bază de plante le aduc în mâncarea stradală. Indiferent dacă ești un vegan experimentat sau doar începi călătoria pe bază de plante, aceste rețete sunt create pentru a te inspira să te bucuri de lumea îndrăzneață și aromată a mâncărurilor vegane de stradă.

De la burgeri vegani clasici la umpluturi inovatoare de taco și gyros-uri delicioase, fiecare rețetă este o sărbătoare a răsturnărilor alimentate de plante ale clasicelor mâncăruri stradale. Indiferent dacă găzduiești un grătar vegan sau îți satisfaci poftele de mâncare stradală acasă, această carte de bucate este resursa ta de bază pentru a crea delicioase mușcături pe bază de plante care surprind esența mâncării stradale.

Alăturați-vă nouă în timp ce ne scufundăm în lumea „MÂNCATE VEGANE DE STRADA: BURGERI, TACOS, GYROS ȘI MULTE", unde fiecare creație este o dovadă a creativității, satisfacției și inspirației globale care vin cu mâncarea stradală pe bază de plante. Așadar, îmbrăcați-vă șorțul, îmbrățișați aromele străzilor și haideți să explorăm lumea interesantă și satisfăcătoare a mâncărurilor vegane pe stradă.

BURGERI

1.Shiitake cu curry -Roşii stivuite

INGREDIENTE:
- 4 roșii de moștenire
- 4 felii de brânză vegană

AMESTEC DE SHIITAKE
- 6 linguri de maioneza pe baza de plante
- 1 lingurita praf de curry
- ¼ lingurita sare
- ¼ linguriță de ghimbir măcinat
- ¾ de kilogram shiitake
- 1 coastă de țelină, tocată
- ½ cană castraveți tocați mărunt
- 1 portocala buric, curatata de coaja si tocata marunt
- 2 cepe verde, feliate subțiri

INSTRUCȚIUNI:
a) Tăiați și tăiați fiecare roșie în trei felii groase și scurgeți-o pe prosoape de hârtie.
b) Într-un castron, amestecați shiitake, maioneza și condimentele.
c) Se amestecă ingredientele rămase.
d) Pentru fiecare porție, stivuiți trei felii de roșii, stratificandu-le cu brânză vegană și amestecul de shiitake.

2. Napoleon verzi prăjiți cu salată de varză

INGREDIENTE:
- 1/3 cană maioneză
- ¼ cană oțet alb
- 2 linguri de zahar
- 1 lingurita sare
- 1 lingurita praf de usturoi
- ½ lingurita piper
- 14 uncii amestec de salată de varză în trei culori
- ¼ cana ceapa tocata marunt
- 11 uncii de mandarine, scurse

ROȘII PRĂJITE:
- 1 înlocuitor de ouă vegan
- Puneți sos de ardei iute sau după gust
- ¼ cană făină universală
- 1 cană firimituri uscate
- 2 rosii verzi, taiate in 4 felii fiecare
- Ulei pentru prajit
- ½ lingurita sare
- ¼ lingurita de piper
- ½ cană brânză pimiento vegană la frigider
- 4 lingurite jeleu de ardei

INSTRUCȚIUNI:
a) Combinați primele șase ingrediente.
b) Adăugați amestecul de salată de varză și ceapa. Adăugați mandarinele și amestecați cu grijă.
c) Într-un castron puțin adânc, amestecați înlocuitorul de ouă vegan și sosul iute.
d) Puneți făina și firimiturile în boluri separate, puțin adânci.
e) Înmuiați feliile de roșii în făină pentru a acoperi ambele părți și scuturați excesul.
f) Scufundați în amestecul de ouă vegane, apoi în firimituri, bătând pentru a ajuta stratul să adere.
g) Într-o tigaie electrică sau o friteuză, încălziți uleiul la 350°.
h) Prăjiți felii de roșii, câte câteva, până se rumenesc, câte 1-2 minute pe fiecare parte. Scurgeți pe prosoape de hârtie.

i) Se presară cu sare și piper.
j) Pentru asamblare, stratificați o felie de roșie cu 1 lingură de brânză pimiento vegană. Repetați straturile.
k) Acoperiți cu 1 linguriță de jeleu de ardei. Repetați cu feliile de roșii rămase.
l) Serviți peste salată de varză.

3.Burgeri cu roșii și avocado

INGREDIENTE:
- 4 roşii
- 4 chiftele vegane
- ¼ de lingurita piper negru macinat
- ½ plus ¼ linguriţă sare de mare cu bob fin
- 1 lingurita pudra de chili
- 1 avocado copt, împărţit
- 2 linguri iaurt grecesc
- 1 lingură maioneză
- 2 lingurite suc proaspat de lamaie
- ¼ linguriţă de chimen măcinat
- Puţini muguri de lucernă

INSTRUCŢIUNI:

a) Pune jumătate din avocado într-un castron şi pasează cu o furculiţă până când este aproape omogen.

b) Adăugaţi iaurtul, maiaua, sucul de lămâie şi chimenul şi amestecaţi pentru a se combina. Tăiaţi cubuleţe jumătatea rămasă de avocado şi adăugaţi-o alături de ¼ de linguriţă de sare. Se amestecă uşor pentru a se combina. Pus deoparte.

c) Ungeţi cu ulei de măsline o tigaie/tigaie antiaderentă şi încălziţi la foc mediu-mare.

d) Gatiti rosiile jumatate cu fata in jos timp de 2-3 minute, pana incep sa se rumeneasca.

e) Pentru a asambla burgeri, puneţi un vârf de varză pe partea de jos a fiecărei roşii, deasupra cu o chiflă vegană, aproximativ 2 linguri de sos de avocado şi terminaţi cu cealaltă jumătate din fiecare roşie.

4.Burger de legume fără grătar

INGREDIENTE:
PENTRU BURGERUL FĂRĂ BUNCĂ:
- 8 burgeri gourmet
- Ulei de gatit de avocado
- 1 avocado, feliat
- 4 ciuperci portobello
- 1 ceapa taiata rondele
- 4 felii de brânză cheddar vegană
- Sos de rosii
- maioneză

PENTRU Sfeclă roșie și meri:
- 2 sfecla rosie, curatata si rasa
- 2 mere, rase
- 1 cană de varză roșie mărunțită
- 3 linguri otet de mere
- 2 lingurite de zahar organic brut
- 1 lingură muștar integral
- 4 linguri ulei de măsline extravirgin
- ½ cana patrunjel proaspat, tocat marunt
- ½ cana patrunjel proaspat, tocat marunt
- ½ linguriță boabe de piper negru proaspăt măcinat
- Cornișori tăiați felii pentru a ornat

INSTRUCȚIUNI:
a) Într-un castron, puneți sfecla roșie, mărul și varza roșie.
b) Adăugați oțet, zahăr, muștar, ulei de măsline și pătrunjel. Combinați bine. Asezonați după gust. Pus deoparte.
c) Încinge un grătar. Gătiți burgerii gourmet de legume, ciupercile și rondelele de ceapă cu un strop de ulei de gătit de avocado.
d) Combinați sosul de roșii și maiaua. Pus deoparte.

A ASAMBLA
e) Mai întâi, puneți o felie de brânză vegană pe un burger vegetal.
f) Topiți brânza vegană punând-o sub grătar sau încălziți-o la cuptorul cu microunde până se topește.
g) Ungeți niște sos de maioneză de roșii, apoi stratificați cu o ciupercă, felii de avocado, sfeclă roșie și mere.
h) Mai întindeți puțin sos de maioneză de roșii pe un alt burger vegetal, apoi puneți-l deasupra burgerului și puneți sosul în jos pentru a-l completa.
i) Decorați cu felii de ceapă fiartă și cornișuri deasupra burgerului.
j) Introduceți o frigărui pentru a o păstra intactă.

5.Stivuitoare cu unt de mere și arahide

INGREDIENTE:
- 2 mere
- 1/3 cană unt de arahide gros

Umpluturi
- Granola
- chipsuri de ciocolată semidulce în miniatură

INSTRUCȚIUNI:
a) Miez de mere. Tăiați fiecare măr în cruce în șase felii.
b) Întindeți unt de arahide peste șase felii și stropiți cu umpluturile la alegere.
c) Acoperiți cu feliile de mere rămase.

6.Roșii verzi prăjite

INGREDIENTE:
- ¼ cană maioneză fără grăsimi
- ¼ linguriță coaja de lămâie rasă
- 2 linguri suc de lamaie
- 1 lingurita de cimbru proaspat tocat
- ½ linguriță de piper, împărțit
- ¼ cană făină universală
- 2 înlocuitori de ouă vegani
- ¾ cană făină de porumb
- ¼ lingurita sare
- 2 rosii verzi
- 2 roșii roșii
- 2 linguri ulei de canola
- 8 felii de bacon canadian

INSTRUCȚIUNI:
a) Se amestecă primele 4 ingrediente și ¼ de linguriță de piper și se dă la frigider până la servire.
b) Puneți făina într-un castron puțin adânc și puneți înlocuitorul de ouă într-un castron puțin adânc separat. Într-un al treilea castron, amestecați făina de porumb, sarea și piperul rămas.
c) Tăiați fiecare roșie în cruce în 4 felii.
d) Dragați 1 felie în făină pentru a se acoperi ușor și scuturați excesul.
e) Scufundați în înlocuitori de ouă vegani, apoi în amestecul de făină de porumb. Repetați cu feliile de roșii rămase.
f) Într-o tigaie antiaderentă, încălziți uleiul supraîncălzit.
g) În loturi, gătiți roșiile până devin maro auriu, 4-5 minute pe fiecare parte.
h) În aceeași tigaie, rumeniți ușor baconul canadian pe ambele părți.
i) Pentru fiecare, stivuiți câte o felie de fiecare roșie verde, slănină și roșie roșie. Se serveste cu sos.

7. Chifle de burger cu cartofi dulci

INGREDIENTE:
- 1 cartof dulce
- 2 lingurițe de ulei de măsline
- Sare si piper

INSTRUCȚIUNI:
a) Curățați și tăiați cartofii dulci în forme de chifle de burger.
b) Folosind mâinile, frecați uleiul de măsline peste ele.
c) Asezonați cu sare și piper.
d) Gatiti 10 minute la 360F in friteuza cu aer.
e) Puneți burgerii între două felii de chiflă cu cartofi dulci și serviți.

8.Portabella și burgeri vegani Halloumi

INGREDIENTE:
- 4 capace de ciuperci portabella
- 3 ½ linguri de oțet balsamic
- 2 linguri de ulei de măsline
- 2 felii de roșii
- 2 felii de halloumi vegan
- O mână de frunze de busuioc
- Sare de mare
- Piper proaspăt măcinat

INSTRUCȚIUNI:
a) Reîncălziți grătarul la 450 °F.
b) Ungeți ciupercile cu ulei de măsline și presărați deasupra un pic de sare de mare.
c) Prăjiți-le sau prăjiți-le timp de patru sau cinci minute pe fiecare parte.
d) Halloumi la grătar. Tăiați halloumi-ul în felii de dorit, relativ subțiri.
e) Prăjiți-l timp de două minute pe fiecare parte la foc mare. Halloumi trebuie să fie moale și să emită un miros aromat, sărat.

A ASAMBLA
f) Ciupercile portabella vor fi chifla ta. Deasupra unui capac de ciuperci Portobello, puneți brânza Halloumi vegană la grătar, felia de roșii și frunzele de busuioc.
g) Adăugați oțetul balsamic și ardeiul proaspăt măcinat.
h) Apoi, puneți celălalt capac de ciuperci deasupra.
i) Repetați acest proces pentru celălalt burger.

9. Burger fără carbohidrați cu fasole neagră și quinoa cu conținut scăzut de carbohidrați

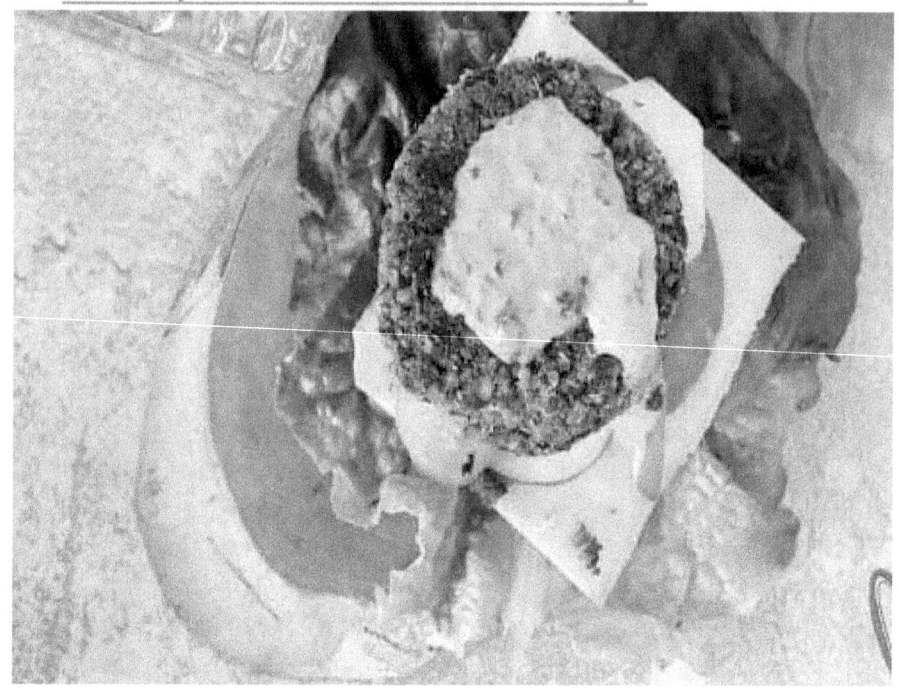

INGREDIENTE:
PENTRU CHINUTA DE FASOLE NEGRE QUINOA
- 3 cani de fasole neagra fiarta
- 3 căni de quinoa fiartă
- 1 lingurita de seminte de chimen
- 1 cană ceapă tăiată cubulețe
- 6 catei de usturoi
- 1 ½ cană Kale Tocat
- 1 Jalapeno tocat fin
- 1 lingura ulei de porumb
- Sarat la gust

TOppinguri
- felii de castravete
- Felii de roșii
- felie de ceapă
- Niște murături
- Sos de arahide cu ardei roșu prăjit sau sos la alegere

ALTE INGREDIENTE
- O grămadă mare de salată verde
- Niște ulei de porumb pentru prăjirea chiflă

INSTRUCȚIUNI:
PENTRU CHINUTA DE FASOLE NEGRE QUINOA
a) Mai întâi, luați puțin ulei într-o tigaie și adăugați semințe de chimen, ceapă, usturoi și jalapenos.
b) Se caleste un minut. Apoi adaugă kale tocată și călește din nou timp de 2 minute. Lasă-l să se răcească.
c) Luați fasole neagră și zdrobiți-o bine.
d) Acum adăugați quinoa fiartă, amestecul sotat și sare.
e) Se amestecă bine toate ingredientele. Modelează-le.
f) Puteți modela burgerul de fasole neagră după cum doriți.
g) Pune-le pe tigaie.
h) Apoi aplicați puțin ulei de porumb pe ambele părți. Gatiti-le pana se rumenesc pe ambele parti.
i) Scoate-le și ține-le deoparte.

ASSAMBLAȚI BURGGERUL.

j) Luați o frunză de salată verde, apoi puneți chifle de quinoa cu fasole neagră, felii de roșii, felii de castraveți, câteva felii de murături, felii de ceapă și, la sfârșit, niște sos de buze.
k) Înfășurați salata verde cu grijă.

10. Burger stivuit fără chifle

INGREDIENTE:
BURGERI KETO VEGANI
- 400 g cânepă
- 400 g legume, tocate
- ½ cană făină de migdale
- 4 linguri de semințe de chia sau de in măcinate
- 4 linguri ulei de masline extravirgin
- Piper negru, sare de mare și boia afumată

BURGER OPȚIONAL
- 16 frunze de salata verde
- 2 rosii
- 2 avocado coapte
- 2 linguri ulei de masline
- suc de lamaie sau otet de mere
- Sos Romesco
- ceapa rosie
- Castraveți murați, fără zahăr

INSTRUCȚIUNI:

a) Combinați semințele de in sau de chia măcinate cu 4 linguri de apă într-un pahar sau castron.
b) Se amestecă bine și se lasă deoparte câteva minute.
c) Tocați mărunt cânepa și legumele cu un robot de bucătărie.
d) Amestecați cânepa și legumele tocate mărunt cu făina de migdale, gelul de semințe de in și jumătate din uleiul de măsline într-un bol sau robotul de bucătărie.
e) Asezonați cu sare, piper, boia de ardei sau alte condimente la alegere.
f) Modelați opt chifle și prăjiți fiecare burger în ulei de măsline până când este fiert și auriu pe fiecare parte.
g) De asemenea, puteți coace burgerii într-un cuptor preîncălzit sau într-o friteuză cu aer la 350°F.
h) Între timp, zdrobiți avocado cu o furculiță și adăugați uleiul de măsline.
i) Asezonați cu suc de lămâie sau oțet de mere, piper și sare pentru guacamole simplu.
j) Serviți fiecare burger pe două frunze de salată pentru a înlocui chifla de burger, cu roșii, guacamole și, dacă doriți, niște ceapă roșie feliată subțire, castraveți murați și sos romesco.

BURGER BOLS

11.Burger vegetal într-un castron

INGREDIENTE:
VEGGIE BURGER ÎN VASC
- 4 căni de salată verde mărunțită
- 1 litru de roșii cherry tăiate la jumătate
- 2 avocado taiate cubulete
- 1 cană ceapă murată picant
- ½ cană cornichons tocate dacă doriți
- 4 chifteluțe de burger cu legume tăiate cubulețe sau mărunțite

SOS BURGER VEGAN
- ½ cană pastă de tahini
- 1 catel de usturoi
- 1 lingura de marar proaspat sau 1 lingurita uscata
- 2 linguri suc de lamaie proaspat stors
- sare si piper
- ¼ cană apă

INSTRUCȚIUNI:
a) Pentru a face sos de burger vegan, amestecați împreună tahini, usturoi, suc de lămâie, mărar, sare și piper.
b) Se amestecă suficientă apă pentru a dilua sosul până la o consistență de turnat.
c) Pentru a face boluri pentru burgeri cu legume, așezați elementele de fixare pentru burgeri în boluri individuale de salată.
d) Acoperiți cu chifteluțe de burger vegetale mărunțite și stropiți cu sos de burger vegan.

12.Boluri pentru burgeri cu legume la grătar

INGREDIENTE:
- 2 burgeri vegani
- 1 cană de verdeață mixtă

LEGUME LA GRĂTAR
- 1 dovlecel, feliat
- 1 ardei gras, taiat cubulete
- 1 vinete, feliate
- 1 roșie, tăiată la jumătate
- sulițe de sparanghel

ADIȚIUNI OPȚIONALE
- 1 lingurita Seminte de susan
- 1 lingură Nuci Mixte
- Kimchi
- ceapa murata

ÎMBRACȚIE
- Tahini vegan

INSTRUCȚIUNI:
a) Preîncălziți grătarul la maxim.
b) Prăjiți burgerii și legumele, reducând căldura după marcare.
c) Asamblați boluri cu verdeață, legume la grătar, burger și sos cu lingură deasupra adăugând orice adaos opțional care vă place.

13.Boluri pentru burgeri Teriyaki

INGREDIENTE:
- 4 burgeri pe bază de plante, gătiți
- 2 cani de quinoa fiarta
- 1 cană baby spanac
- 1 cană de castraveți tăiați subțiri
- 1 cană edamame fiert la abur, decojit
- 1/2 cană ridichi feliate
- 1 cană morcovi măruntiți
- 2 cepe verde, feliate
- 1/4 cană ceapă roșie, feliată subțire
- 1 avocado mare, fără sămânță și feliat subțire
- 1/2 cană sos teriyaki preparat

INSTRUCȚIUNI:
a) Pregătiți burgeri și orez conform instrucțiunilor de pe ambalaj.
b) Aranjați toppingurile pe un platou mare împreună cu sos și burgeri pregătiți.
c) Împărțiți orezul în mod egal în patru boluri de servire.
d) Asamblați bolul începând cu spanac și adăugând toppinguri mai mici, după cum doriți.
e) Acoperiți cu un burger preparat pe bază de plante și stropiți cu sos teriyaki.

14. Bol cu sos de maia-muștar

INGREDIENTE:

LINTE
- 1 lingura ulei de masline
- 1 ceapă albă, roșie sau galbenă, tăiată cubulețe
- ¼ lingurita sare
- 450 g linte fiartă
- ¼ cană bulion de legume
- 2 linguri de sos Worcestershire fără gluten
- 1 lingură muștar de Dijon
- 1 lingura tamari
- 1 lingurita zahar
- ½ linguriță de usturoi pudră
- 1 lingurita piper negru macinat

SOS DE MAYO-MUSTARD
- ¼ cană maioneză vegană
- 1 lingura pasta de rosii
- 2 lingurite de mustar
- 2 lingurițe 10 ml suc de murături
- 2 linguri murături, tăiate mărunt
- ¼ linguriță de usturoi pudră
- ½ lingurita boia
- ½ linguriță sare de mare
- 15 ml apă

BOL DE SALATĂ
- 2 capete salata romana, tocata
- 2 cani de rosii cherry, feliate
- 2 avocado coapte, fără sâmburi și feliate
- 1 ceapă roșie, feliată subțire
- 1 cană murături, feliate

INSTRUCȚIUNI:

LINTE
a) Încinge uleiul într-o tigaie sau tigaie la foc. Adăugați ceapa tăiată cubulețe și ¼ de linguriță de sare și căleți timp de 7-10 minute până când devine moale și translucide.

b) Adăugați lintea și gătiți până se rumenește aproape complet aproximativ 5 minute.
c) Dați focul mare și adăugați supa de legume, Worcester și muștar, sosul de soia, zahărul, pudra de usturoi și piper negru. Gatiti pana cand lichidele s-au evaporat.
d) Opriți focul și scoateți tigaia de pe arzător. Puneți deoparte până când sunteți gata să vă construiți bolurile pentru burgeri.
e) Adăugați toate ingredientele pentru sos într-un bol și amestecați totul până se omogenizează. Gustați și asezonați cu mai multă sare după cum este necesar.

ASAMBLARE
f) Împărțiți salata verde tocată în patru boluri. Adăugați ceapa tăiată felii, avocado, roșii cherry și murături.
g) Acoperiți cu linte și stropiți cu sos peste boluri.

15. pentru burgeri cu legume și varză ascuțită

INGREDIENTE:
CHITELURI
- 150 g grâu bulgur
- supa de legume pentru înmuiere
- 1 morcov
- 1 ceapa tocata marunt
- 1 catel de usturoi
- 1 lingura de faina
- 1 lingura patrunjel tocat cu frunze plate
- 1 înlocuitor de ouă vegan
- cartofi rasi daca este nevoie
- 1 lingurita coriandru macinat
- sare
- piper proaspăt măcinat

TOppinguri
- 50 g seminte de susan
- 150 g varză ascuțită
- 1 morcov
- 2 linguri otet de orez
- 1 lingura ulei de susan
- sare
- piper proaspăt măcinat
- ½ castravete
- 4 linguri de ketchup

INSTRUCȚIUNI:
a) Înmuiați grâul bulgur în stoc.
b) Tăiați, curățați și radeți fin morcovul.
c) Punem bulgurul, putin racit, intr-un castron cu morcovul si ceapa tocata. Se curata usturoiul si se zdrobeste peste el.
d) Adăugați făina, pătrunjelul și înlocuitorul de ouă vegan și frământați.
e) Adăugați puțină apă sau puțin cartofi ras și lucrați dacă amestecul este prea uscat. Asezonați după gust.
f) Cu mâinile umede, modelați amestecul în 4 chifteluțe și puneți la grătar pe fiecare parte timp de aproximativ 4-5 minute.

g) Pentru a face toppingurile, prăjiți semințele de susan într-o tigaie. Tăiați și spălați varza, apoi uscați-o și tăiați-o în felii subțiri. Se curata si se rade morcovul.
h) Faceți un dressing cu oțet, ulei, sare și piper și amestecați-l în varză și morcov. Îndoiți semințele de susan în salată. Curățați și feliați castraveții.
i) Aranjați castravetele și varza tăiate felii într-un castron. Acoperiți cu chifteluțe și un strop de ketchup.

16.Bol cu burrito cu burrito vegetal

INGREDIENTE:
- 2 burgeri pe bază de plante
- 4 căni de verdeață de salată
- 1/2 cană de orez brun
- 1 cartof dulce mediu, tăiat cubulețe
- 1/2 cană fasole neagră fiartă
- 1 avocado mic copt, fără sâmburi și cu carne, feliat subțire
- 1/2 cană pico de gallo
- pansamentul preferat

INSTRUCȚIUNI:

a) Gatiti orezul conform instructiunilor de pe ambalaj; pune deoparte când este gata.
b) Preîncălziți cuptorul la 375 °F și tapetați foaia de copt cu hârtie de copt.
c) Pune cartofii dulci taiati cubulete pe o tava tapetata si stropim cu ulei de masline; folosește-ți mâinile pentru a acoperi complet.
d) Coaceți cartofii dulci aproximativ 20 de minute sau până când se înmoaie.
e) Gătiți Burgerul conform instrucțiunilor menționate.
f) Distribuiți uniform între două boluri verdeață cu frunze verzi, orez, cartofi dulci gătiți, fasole neagră, avocado feliat și pico de gallo.
g) Acoperiți cu un Burger ușor răcit și stropiți cu dressingul preferat.

17. Burgeri cu castron de tofu

INGREDIENTE:
CHITELURI
- ½ cană Bulgur
- 2 morcovi, mărunțiți
- 4 uncii de tofu ferm
- 1 înlocuitor de ouă vegan
- 3 linguri menta proaspata tocata
- 3 linguri de ceai tocat
- ¼ linguriță de piper Cayenne
- ⅓ cană Panko simplu , uscat
- ⅓ cană făină, utilizare împărțită
- 2 linguri ketchup light
- 2 lingurițe de muștar de Dijon

A SERVI
- 4 frunze de salata romana
- 4 felii de roșii
- ½ cană de varză de lucernă

INSTRUCȚIUNI:
a) Într-o cratiță acoperită, puneți la fiert apa și sarea la foc.
b) Adăugați bulgurul și morcovii și luați de pe foc .
c) Într-un castron, zdrobiți tofu.
d) Adăugați amestecul de bulgur, înlocuitorul de ouă vegan, menta, ceai verde și cayenne, amestecând bine.
e) Se amestecă panko , ¼ de cană de făină, ketchup și muștar.
f) Formați amestecul de bulgur în chiftelute și prăjiți.
g) Asamblați ingredientele de servire într-un bol.

ROLULE VEGGIE

18.Rulouri de vară cu sos chile-lime

INGREDIENTE:
- 2 linguri sos de peste
- 2 linguri suc de lamaie
- 2 linguri de zahar
- 2 linguri de apa
- 1 ardei iute roșu mic, zdrobit
- 4 uncii vermicelli de orez
- 12 ambalaje rotunde de hârtie de orez de 5 inci
- ½ ardei gras rosu, taiat fasii
- ½ ardei gras galben, tăiat fâșii
- ½ avocado, feliat
- 2 căni de muguri de lucernă
- 6 frunze mari de busuioc, feliate

INSTRUCȚIUNI:
a) Într-un castron mic, combinați sosul de pește, sucul de lămâie, zahărul, apa și chile, amestecând pentru a dizolva zahărul.

b) Într-o oală medie, aduceți puțină apă la fiert.

c) Gatiti, amestecand continuu, timp de 1 minut, sau pana cand vermicellii sunt bine fierti; se scurge si se da la rece intr-un castron, amestecand regulat.

d) Umpleți un lighean mic cu apă pe jumătate. 2 hârtii de orez o dată trebuie scufundate în apă, scuturate de orice exces, transferate pe o suprafață de lucru și lăsate să se înmoaie timp de 30 de secunde.

e) Pe treimea cea mai de jos a fiecărei hârtie de orez, puneți o mână mică de vermicelli. Adaugă două fâșii de ardei gras roșu și galben, o fâșie de avocado, o fâșie de castraveți și o mână imensă de muguri de lucernă deasupra. Adăugați câteva fâșii de busuioc ca o notă finală.

f) Aplatizați ingredientele și rulați-le în hârtie de orez, împăturiți-le pe părțile laterale pe măsură ce mergeți.

g) Pentru a sigila, apăsați ferm. Folosind hârtiile de orez rămase și umpluturile, repetați procesul.

h) Când toate rulourile s-au terminat, împărțiți-le în jumătate pe diagonală și serviți cu sos.

19.Rulouri de legume cu tofu condimentat la cuptor

INGREDIENTE:
- Fidea de fasole de 1 uncie, fierte și scurse
- 1½ cană de varză Napa, mărunțită
- ½ cană morcov, ras
- ⅓ cană de ceai verde, feliat subțire
- 12 rotunde de hârtie de orez (8" diametru)
- 4 uncii Tofu condimentat la cuptor (1 cană)
- 24 de frunze mari de busuioc
- Dressing Miso cu arahide

INSTRUCȚIUNI:
PENTRU Umplutura:
a) Strângeți ușor tăițeii cu fir de fasole fiert pentru a elibera excesul de umiditate, apoi tăiați-i grosier.
b) Într-un castron mare, amestecați tăițeii gătiți, varza Napa mărunțită, morcovul ras și ceaiul verde tăiat felii subțiri.

PENTRU MONTAREA ROLULOR DE PRIVĂRI:
c) Umpleți o farfurie de plăcintă de 10 inci cu apă caldă. Scufundați una dintre hârtiile de orez în apă și înmuiați-o până când este flexibilă, ceea ce ar trebui să dureze aproximativ 30 până la 60 de secunde.
d) Transferați hârtia de orez moale pe un prosop curat de bucătărie și ștergeți-o ușor pentru a îndepărta excesul de apă.
e) Aranjați aproximativ ¼ de cană din amestecul de tăiței de-a lungul treimii inferioare a hârtiei de orez.
f) Distribuiți peste tăiței 5 sau 6 cuburi de Tofu condimentat la cuptor și 2 frunze de busuioc.
g) Ridicați marginea de jos a hârtiei de orez peste umplutură, îndoiți părțile laterale spre centru și apoi rulați rulada de primăvară cât mai strâns posibil.
h) Repetați acest proces cu hârtiile de orez rămase și umplutura.

PENTRU ASSEMUL MISO DE ARAIDE:
i) Împărțiți dressingul miso cu arahide în mai multe boluri mici și serviți-l alături de rulourile de primăvară pentru înmuiere.

A SERVI:
j) Serviți imediat rulourile de primăvară cu legume sau puneți-le la frigider într-un recipient închis ermetic timp de până la 2 zile (reveniți la temperatura camerei înainte de servire).
k) Bucurați-vă de rulourile de primăvară din legume cu tofu condimentat la cuptor și sos de miso cu arahide! Aceste rulouri sunt o gustare sau un aperitiv delicios și sănătos.

20. Rulouri de hârtie de orez cu ciuperci

INGREDIENTE:
- 1 lingura ulei de susan
- 2 catei de usturoi, macinati
- 1 lingurita de ghimbir ras
- 2 şalote, tăiate mărunt
- 300 g ciuperci buton, tocate
- 40g varză chinezească, mărunţită mărunt
- 2 linguriţe de sos de soia cu conţinut scăzut de sare
- 16 foi mari de hârtie de orez
- 1 buchet coriandru proaspat, frunze culese
- 2 morcovi medii, decojiţi, tăiaţi fin juliană
- 1 cană de muguri de fasole, tăiaţi
- Sos de soia cu conţinut scăzut de sare, de servit

INSTRUCŢIUNI:
PREGĂTIŢI Umplutura de ciuperci
a) Încinge uleiul de susan, usturoiul zdrobit şi ghimbirul ras într-o tigaie la foc mic timp de 1 minut.
b) Adaugati in tigaie salota taiata marunt, ciupercile tocate si varza chinezeasca maruntita.
c) Creşteţi focul la mediu şi gătiţi timp de 3 minute sau până când ingredientele sunt doar fragede.
d) Transferaţi amestecul gătit într-un castron, adăugaţi sos de soia cu conţinut scăzut de sare şi lăsaţi-l deoparte să se răcească.

Înmoaie foile de hârtie de orez
e) Umpleţi un castron mare cu apă caldă.
f) Puneţi câte 2 foi de hârtie de orez în apă pentru a se înmuia timp de aproximativ 30 de secunde. Asiguraţi-vă că devin moi, dar încă suficient de ferme pentru a fi manipulate.

ASSAMBLAŢI ROLULE
g) Scoateţi foile de hârtie de orez înmuiate din apă şi scurgeţi-le bine. Aşezaţi-le pe o tablă.
h) Presăraţi fiecare foaie cu frunze proaspete de coriandru şi apoi faceţi-o în sandwich cu o altă foaie de hârtie de orez.
i) Acoperiţi hârtia de orez cu două straturi cu o lingură de amestec de ciuperci, având grijă să scurgeţi excesul de umiditate.

j) Adăugați morcovii tăiați în juliană și varza de fasole deasupra amestecului de ciuperci.
k) Îndoiți capetele hârtiei de orez și rulați foaia ferm.
l) Pune rulada pregătită deoparte și acoperă-o cu plastic.
m) Repetați procesul cu ingredientele rămase pentru a crea mai multe rulouri.
n) Serviți imediat rulourile de hârtie de orez cu ciuperci cu sos de soia cu un conținut scăzut de sare pentru înmuiere.

21. Rulouri de hârtie de orez cu avocado și legume

INGREDIENTE:
- 8 pachete mici de hârtie de orez
- ½ cană de salată verde iceberg mărunțită
- ¾ cană (50 g) muguri de fasole, tăiați
- 1 morcov mic, decojit și ras
- 1 castravete libanez mediu, decojit și tăiat în panglici
- 1 avocado mediu, decojit și tăiat fâșii
- Sos dulce de chili, de servit

INSTRUCȚIUNI:
a) Turnați apă caldă într-un vas termorezistent până când este plin pe jumătate.
b) Înmuiați un pachet de hârtie de orez în apă și puneți-l pe o suprafață plană.
c) Lăsați-l să stea timp de 20 până la 30 de secunde sau până când devine suficient de moale pentru a se rula fără a se despica.

ASSAMBLAȚI ROLULE DE HÂRTIE DE OREZ
d) Puneți ⅛ din salata verde mărunțită de-a lungul unei margini a învelișului de hârtie de orez moale.
e) Acoperiți salata verde cu ⅛ din muguri de fasole, morcov ras, panglici de castraveți și fâșii de avocado.
f) Îndoiți capetele ambalajului și apoi rulați-l ferm pentru a cuprinde umplutura.
g) Pentru a preveni uscarea ruloului, acoperiți-l cu un prosop umed.
h) Repetați acest proces cu învelișurile și umpluturile rămase din hârtie de orez.
i) Serviți rulourile de hârtie de orez cu avocado și legume cu sos dulce de chili pentru înmuiere.
j) Bucurați-vă de aceste rulouri de hârtie de orez ușoare și sănătoase, umplute cu bunătatea avocado-ului și a legumelor proaspete!

22.Rulouri Curcubeu cu Sos de Arahide Tofu

INGREDIENTE:
- 12 folii rotunde de hârtie de orez de 22 cm
- 2 avocado, feliate subțiri
- 24 crengute proaspete de coriandru
- 24 de frunze mari de mentă proaspătă
- 300g varză roșie, mărunțită mărunt
- 2 morcovi mari, tăiați în bețișoare de chibrit
- 2 castraveți libanezi, fără sămânță, tăiați în bețișoare de chibrit
- 100 g muguri de fasole, tăiați
- 3 eșalote verzi, tăiate subțiri pe diagonală

SOS DE ARAIDE TOFU:
- 150 g Tofu de mătase
- 70 g (¼ cană) unt de arahide natural neted
- 2 linguri otet de vin de orez
- 1 lingură pastă de miso Shiro (pastă de miso albă)
- 3 lingurite miere
- 3 lingurițe de ghimbir proaspăt ras fin
- 2 lingurite tamari
- 1 cățel mic de usturoi, zdrobit

INSTRUCȚIUNI:
SOS DE ARAIDE TOFU:
a) Puneți toate ingredientele pentru sosul de tofu într-un blender și amestecați până la omogenizare. Pus deoparte.

ASSEMBLARE ROLULE DE HÂRTIE DE OREZ RAINBOW:
b) Înmuiați un înveliș de hârtie de orez în apă rece timp de 10-20 de secunde sau până când începe să se înmoaie. Scurgeți-l pe un prosop curat și puneți-l pe o suprafață de lucru.

c) Acoperiți învelișul de hârtie de orez cu 2 felii de avocado, 2 crenguțe de coriandru, 2 frunze de mentă, o porție de varză roșie, morcov, castraveți, muguri de fasole și eșalotă.

d) Îndoiți capetele învelișului de hârtie de orez și rulați-l ferm pentru a cuprinde umplutura.

e) Repetați acest proces cu ambalajele rămase.

f) Serviți rulourile de hârtie de orez curcubeu cu sosul de arahide de tofu în lateral pentru înmuiere.

23.Rulouri de primăvară cu mango

INGREDIENTE:
- 2 uncii vermicelli subțiri de orez
- 8 cercuri de hârtie de orez (8 ½ inci în diametru)
- 4 frunze mari de salată verde, coaste îndepărtate, frunze tăiate la jumătate pe lungime
- 1 morcov mare, tocat
- 2 mango, decojite și tăiate felii
- ½ cană frunze de busuioc proaspăt
- ½ cană frunze de mentă proaspătă
- 4 uncii muguri de fasole proaspăt (1 cană)
- Vinaigretă thailandeză picant

INSTRUCȚIUNI:

a) Începeți prin a înmuia vermicelli de orez în 2 căni de apă caldă timp de aproximativ 15 minute. Odată înmuiate, scurgeți-le și puneți-le deoparte.

b) Apoi, scufundați o foaie de hârtie de orez în apă caldă, la aproximativ 110 de grade Fahrenheit, apoi transferați-o pe o suprafață de lucru acoperită cu un prosop de bucătărie umed.

c) Așteptați aproximativ 30 de secunde sau până când ambalajul devine flexibil. Acum, așezați o frunză de salată verde pe cele două treimi inferioare ale hârtiei de orez, asigurându-vă că lăsați un chenar de hârtie de 2 inci pe fund.

d) Se adaugă 2 linguri de vermicelli, 1 lingură de morcovi mărunțiți, 2 felii de mango, 1 lingură de busuioc și mentă fiecare și 2 linguri de muguri de fasole deasupra salată verde.

e) Îndoiți marginea de jos de 2 inci a hârtiei de orez peste umplutură, apoi pliați-o din nou în sus pentru a închide umplutura. Continuați prin plierea marginii din dreapta și apoi marginea stângă a ambalajului. Continuați să pliați până când se formează un cilindru strâns.

f) Transferați rulada de primăvară finalizată într-o tavă de servire și acoperiți-o cu un prosop de hârtie umed pentru a o păstra proaspătă.

g) Continuați să umpleți și să rulați până când ați epuizat toate ingredientele.

h) Aceste rulouri de primăvară cu mango sunt cel mai bine savurate cu Vinaigreta Thai picantă ca sos de scufundare.

24.amestecate cu sos de căpșuni

INGREDIENTE:
PENTRU ROLULE DE PRIMAVĂRI DE FRUCTE:
- 1 cană căpșuni, tăiate în sferturi
- 2 kiwi, tăiate în felii
- 2 portocale, tăiate felii
- 1 mango, tăiat fâșii
- 2 piersici, tăiate fâșii
- ½ cană de cireșe, fără sâmburi și tăiate în jumătăți
- ½ cană de afine
- ½ cană de zmeură
- 1 stea fruct
- 8 foi de hârtie de orez vietnameză
- Frunze de mentă proaspătă

PENTRU SOS DE CAPSUNI:
- 2 cani de capsuni
- 1 fruct al pasiunii

PENTRU SOS DE CIOCOLATA:
- 1 cană ciocolată neagră, topită

INSTRUCȚIUNI:
PREGĂTIREA ROLULOILOR DE PRIVĂRI DE FRUCTE:
a) Tăiați toate fructele în bucăți mici. Dacă doriți, utilizați un tăietor în formă de stea pentru mango.
b) Umpleți un vas puțin adânc cu apă și scufundați foile de hârtie de orez vietnamez în apă, asigurându-vă că devin moderat umede pe ambele părți. Aveți grijă să nu le înmuiați prea mult timp, deoarece pot deveni prea moi.
c) După ce ați înmuiat hârtiile de orez, puneți o porție din fructele preparate pe fiecare foaie de hârtie de orez.
d) Așezați-le în centru și apoi rulați-le ca un burrito, pliând cele două clapete laterale pe măsură ce mergeți.
PREPARAREA SOSULUI DE CAPSUNI:
e) Într-un blender, combinați căpșunile și pulpa fructului pasiunii.
f) Se amestecă până la omogenizare. Acesta va fi sosul tău de căpșuni.
SERVIRE:
g) Serviți rulourile de primăvară cu fructe cu sosul de căpșuni. De asemenea, puteți oferi ciocolată neagră topită ca opțiune alternativă de scufundare.
h) Bucurați-vă de rulourile de primăvară cu fructe răcoritoare și sănătoase în zilele fierbinți de vară!

25.Rulouri de vară cu fructe tropicale

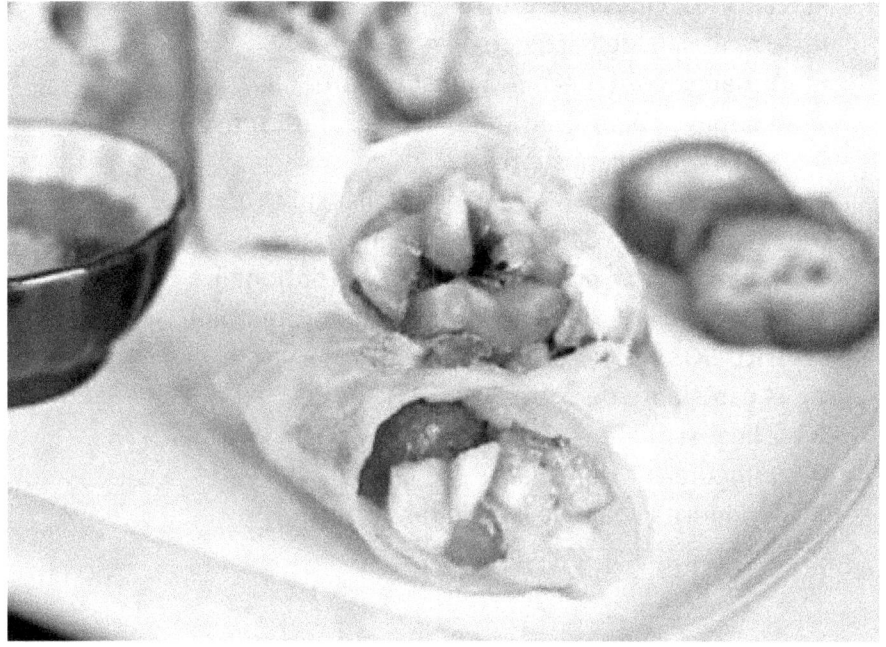

INGREDIENTE:
PENTRU ROLOSELE DE VARĂ:
- 8 ambalaje de hârtie de orez
- 1 mango copt, decojit și feliat subțire
- 1 papaya coaptă, curățată de coajă, fără semințe și feliată subțire
- 1 banană, feliată subțire
- ½ ananas, decojit, fără miez și feliat subțire
- ½ cană frunze de mentă proaspătă
- ½ cană frunze de busuioc proaspăt (opțional)
- ½ cană frunze de coriandru proaspăt (opțional)

PENTRU SOS:
- ¼ cană lapte de cocos
- 2 linguri miere
- 1 lingura suc de lamaie
- ½ linguriță coaja de lămâie rasă
- ½ linguriță extract de vanilie

INSTRUCȚIUNI:
PENTRU SOS:
a) Într-un castron mic, amestecați laptele de cocos, mierea, sucul de lămâie, coaja de lămâie și extractul de vanilie până se combină bine. Pus deoparte.
PENTRU ROLOSELE DE VARĂ:
b) Pregătiți toate fructele și ierburile spălându-le și tăiându-le în fâșii subțiri.
c) Umpleți un vas puțin adânc cu apă caldă. Lucrând pe rând, puneți un înveliș de hârtie de orez în apă caldă timp de aproximativ 10-15 secunde, sau până când devine moale și flexibilă.
d) Ridicați cu grijă hârtia de orez moale și așezați-o pe o suprafață curată, cum ar fi o farfurie sau o placă de tăiat.
e) Pe treimea inferioară a hârtiei de orez, așezați felii de mango, papaya, banană și ananas. Adăugați o mână de frunze de mentă proaspătă și, dacă doriți, frunze de busuioc și coriandru pentru un plus de aromă.
f) Îndoiți părțile laterale ale hârtiei de orez și apoi rulați-o strâns, similar cu rularea unui burrito.
g) Repetați procesul cu împachetările rămase cu hârtie de orez și fructe.
h) Servește rulourile de vară cu fructe tropicale împreună cu sosul de scufundare pregătit.

26. Rulouri de hârtie de orez cu fructe de pădure și legume

INGREDIENTE:
PENTRU ROLOSELE DE VARĂ:
- 10 folii de hârtie de orez (alegeți dintre două dimensiuni: rulouri de vară)
- 1,5 căni de tăiței vermicelli gătiți (opțional pentru carbohidrați adăugați)
- ½ cană de căpșuni
- ½ cană de zmeură
- ½ cană de mure

LEGUME:
- 1 salata romana mica
- 1 morcov
- ½ castravete
- 1 ardei gras
- ½ cană de conopidă violet (opțional)
- ½ cană de varză roșie
- 1 avocado
- O mână de coriandru
- O mână de mentă proaspătă
- O mână de busuioc thailandez
- Flori comestibile (opțional)

PROTEINE (OPȚIONAL):
- ½ cană de tofu

DIP-uri și pansamente:
- Sos de scufundare cu arahide
- Sos de salată (sos de căpșuni, zmeură sau mure)

INSTRUCȚIUNI:
PREGĂTIȚI Umpluturile
a) Începeți prin a găti tăițeii vermicelli conform instrucțiunilor de pe ambalaj, asigurându-vă că se răcesc complet. Albirea lor scurtă și clătirea lor cu apă rece funcționează bine.

b) Pregătiți fructele și legumele tăindu-le felii subțiri sau în stil julienne. De asemenea, puteți utiliza ștampile pentru a crea forme distractive, cum ar fi inimioare, flori sau stele. Pentru tofu, tăiați-l în julien în bucăți subțiri.

PREGĂTIȚI-VĂ SOS/S
c) Aveți diverse opțiuni pentru sosuri de scufundare, cum ar fi sos de unt de arahide, sos de chili dulce de mango sau sosuri de fructe de pădure (căpșuni, zmeură sau mure).
d) Alternativ, puteți servi rulourile cu sos de soia.

PREGĂTIȚI HÂRTIA DE OREZ
e) Înmuiați ambalajele de hârtie de orez pe rând, scufundându-le în apă caldă timp de 5-10 secunde.
f) Îndepărtați-le când devin flexibile, dar nu se înmoaie complet. Lăsați excesul de apă să se scurgă și puneți-l pe o suprafață plană, cum ar fi o masă de tocat umedă sau un prosop de bucătărie.

ASSAMBLAȚI RULOILE DE VARĂ
g) Umplerea rulourilor este simplă. Începeți la aproximativ un centimetru de marginea învelișului și aranjați-vă umpluturile, cum ar fi legume tăiate julien, tofu (opțional), felii de fructe de pădure și ierburi. Puteți adăuga și tăiței de orez dacă doriți.
h) Luați în considerare ordinea ingredientelor, deoarece primele plasate vor fi partea de sus a ruloului.
i) Pentru a împacheta rulourile, introduceți marginile și rulați în mod repetat până când se sigilează. Este asemănător cu rostogolirea unui burrito.
j) Pentru rulouri plăcute din punct de vedere estetic, presărați semințe și aranjați felii de fructe sau legume în formă înainte de a adăuga ingredientele rămase.
k) Aceste rulouri de vară sunt cel mai bine savurate imediat sau în aceeași zi. Servește-le cu sosul/sosul preferat(e).
l) Păstrați resturile la frigider, ambalate individual pentru a preveni uscarea și crăparea hârtiei de orez.
m) Lăsați-le să revină la temperatura camerei înainte de consum.

27. Rulouri de hârtie de orez inspirate de trandafiri

INGREDIENTE:
- 6 uncii de tăiței de vermicelli de orez uscat
- ½ cană de petale de trandafir culinare proaspăt culese
- 12 hârtie circulară de orez
- 1 ¼ cană de ridichi felii subțiri și/sau castraveți englezești
- ¼ cană de frunze de mentă proaspătă
- ¼ cană de frunze de coriandru proaspăt

SOS DE TRANDAFIRI
- ¼ cană de sos de soia
- ¼ cană de oțet de trandafiri

INSTRUCȚIUNI:
a) Într-o cratiță mare, fierbeți tăițeii în apă clocotită, ușor sărată, timp de 2 până la 3 minute sau până când sunt fragezi. Scurgeți și clătiți sub apă rece, apoi scurgeți bine.
b) Într-un castron încăpător, tăiați tăițeii răciți în lungimi scurte și aruncați-i cu ¼ de cană de petale de trandafir.
c) Pentru a asambla rulourile: Turnați apă caldă într-un vas puțin adânc sau într-o farfurie de plăcintă. Luați câte o hârtie de orez și scufundați-o în apă până devine flexibilă.
d) Așezați aproximativ ¼ de cană de tăiței de orez la aproximativ o treime din partea de jos, spre centrul hârtiei de orez. Îndoiți marginea de jos peste umplutură și rulați strâns o dată.
e) Puneți câteva dintre legume, ierburi și petalele de trandafir rămase pe hârtie deasupra porțiunii rulate. Închideți părțile laterale și continuați să rulați pentru a sigila hârtia de orez în jurul umpluturii.
f) Repetați acest proces cu hârtiile de orez rămase. Serviți rulourile cu sosul de trandafiri.

Sos de trandafiri:
g) Într-un castron mic, combinați ¼ de cană de sos de soia și ¼ de cană de oțet de trandafiri.
h) Se presară cu piper negru măcinat grosier.

28.Rulouri de hârtie de orez cu tofu și bok choy

INGREDIENTE:
- 12 porumb baby proaspăt, tăiat la jumătate pe orizontală
- 24 de frunze de baby bok choy
- 300 de grame de tofu ferm mătăsos
- 2 cesti (160 g) muguri de fasole
- Foi pătrate de hârtie de orez de 24 x 17 cm

SOS DE CHILI:
- ⅓ cană (80 ml) sos dulce chili
- 1 lingura sos de soia

INSTRUCȚIUNI:

a) Se fierbe, se fierbe la abur sau se pune la microunde porumbul și bok choy separat până devin fragezi. Scurgere.

b) Între timp, combinați ingredientele pentru sosul chili într-un castron mic.

c) Înjumătățiți tofu pe orizontală și tăiați fiecare jumătate în 12 fâșii egale.

d) Puneți tofu într-un bol mediu și amestecați-l cu jumătate din sosul chili.

e) Puneți o foaie de hârtie de orez într-un castron mediu cu apă caldă până când se înmoaie.

f) Ridică cu grijă foaia din apă și așează-o pe o placă acoperită cu un prosop de ceai, cu un colț îndreptat spre tine.

g) Așezați o bandă de tofu pe orizontală în centrul foii, apoi acoperiți-o cu o bucată de porumb, o frunză de bok choy și câțiva muguri.

h) Îndoiți colțul cu fața spre dvs. peste umplutură, apoi rulați hârtia de orez pentru a închide umplutura, pliând într-o parte după prima întoarcere completă a ruloului.

i) Repetați acest proces cu foile de hârtie de orez rămase, tofu, porumb, bok choy și germeni.

j) Serviți rulourile cu sosul de chili rămas pentru înmuiere.

PIZZA

29.Pizza cu ananas dulce şi picant

INGREDIENTE:
- Ulei de masline extravirgin, pentru ungere
- ½ kilogram de pâine fără frământare și aluat de pizza
- ½ cană Salsa Chipotle
- ¼ cană coriandru sau busuioc proaspăt, tocat
- 1 cană brânză veganâ mărunțită
- 1 cană bucăți de ananas proaspăt
- ½ cană brânză vegană rasă
- 2 cepe verde, tocate
- 1 cană de rucola pentru copii

INSTRUCȚIUNI:
a) Preîncălziți cuptorul la 450°F. Unge o foaie de copt.
b) Pe o suprafață de lucru înfăinată ușor, întindeți aluatul la o grosime de ¼ inch.
c) Transferați cu grijă aluatul în foaia de copt pregătită. Întindeți salsa de chipotle peste aluat, lăsând un chenar de 1 inch.
d) Se presara coriandru, apoi fontina. Deasupra se adaugă ananasul și se termină cu brânză vegană.
e) Coaceți pizza până când crusta devine aurie și brânza se topește timp de 10 până la 15 minute.
f) Deasupra cu ceapa verde si rucola. Tăiați și serviți.

30. Pizza albă nectarine

INGREDIENTE:

- 2 linguri ulei de măsline extravirgin, plus mai mult pentru unge și stropire
- ½ kilogram de pâine fără frământare și aluat de pizza
- 1 lingura arpagic proaspat tocat
- ¼ de cană frunze de busuioc proaspăt ușor împachetate, tocate, plus încă pentru ornat
- 1 cățel de usturoi, ras
- 1 lingurita fulgi de ardei rosu macinati
- 1½ cană de brânză vegană rasă
- 1 nectarină sau piersică, feliată subțire
- Sare kosher și piper proaspăt măcinat
- 6 mure
- Otet balsamic, pentru stropire
- Dragă, pentru burniță

INSTRUCȚIUNI:

a) Preîncălziți cuptorul la 450°F. Unge o foaie de copt.
b) Întindeți aluatul la o grosime de ¼ inch.
c) Transferați cu grijă aluatul în foaia de copt pregătită.
d) Răspândiți cele 2 linguri de ulei de măsline peste aluat, lăsând un chenar de 1 inch, apoi presărați arpagicul tocat și busuioc, usturoi și fulgi de ardei roșu. Adăugați brânza vegană.
e) Deasupra stratificați nectarinele și stropiți ușor cu ulei de măsline. Asezonați cu sare și piper. Coaceți până când crusta devine aurie și brânza se topește, 10 până la 15 minute.
f) Acoperiți cu busuioc tăiat și mure, dacă doriți, și stropiți cu oțet și miere. Tăiați și serviți.

31. Pizza cu capsuni la gratar

INGREDIENTE:
- 1 aluat de pizza
- 1 cană de brânză vegană plus mai mult pentru ornat
- 2 linguri glazura balsamic
- 2 cani de capsuni feliate
- ⅓ cană busuioc tocat
- piper dupa gust
- 1 lingură ulei de măsline pentru a picura

INSTRUCȚIUNI:
a) Gătiți crusta de pizza pe grătar sau în cuptor.
b) Se ia de pe foc și se întinde cu cremă de brânză de caju cu ierburi.
c) Se presara cu busuioc si capsuni.
d) Stropiți cu ulei de măsline și glazură balsamică și decorați cu piper și mai multă brânză vegană.

32.Smochine și Pizza Radicchio

INGREDIENTE:
- 3 smochine uscate Mission
- ½ cană de vin roșu uscat
- 2 linguri bucati de nuca cruda
- Făină universală
- 6 uncii aluat pentru pizza fără frământare
- 2 linguri ulei de masline extravirgin
- ½ cap de radicchio, tocat
- 2 uncii de brânză vegană, tăiată în bucăți

INSTRUCȚIUNI:
a) Preîncălziți grătarul cu grătarul setat la 5 inci de element sau flacără. Dacă folosiți o tigaie din fontă sau o tigaie pentru pizza, puneți-o la foc mediu-mare până când se încinge, aproximativ 15 minute.
b) Transferați tigaia sau tigaia pe grătar.
c) Puneți smochinele într-o tigaie la foc moderat, turnați vinul și aduceți la fierbere. Opriți focul și lăsați smochinele la macerat cel puțin 30 de minute. Scurgeți, apoi tăiați în bucăți de ½ inch.
d) Prăjiți bucățile de nucă într-o tigaie uscată la foc mediu-mare, timp de 3 până la 4 minute. Se transferă pe o farfurie, se lasă să se răcească, apoi se toacă grosier.
e) Pentru a modela aluatul, pudrați o suprafață de lucru cu făină și puneți bila de aluat pe ea.
f) Se presară cu făină și se frământă de câteva ori până când aluatul se îmbină.
g) Formați-o într-o rotundă de 8 inchi apăsând din centru spre margini, lăsând o margine de 1 inch mai groasă decât restul.
h) Deschideți ușa cuptorului și glisați rapid afară grătarul cu suprafața de gătit pe el. Ridicați aluatul și transferați-l rapid pe suprafața de gătit, având grijă să nu atingeți suprafața.
i) Stropiți 1 lingură de ulei pe aluat, împrăștiați bucățile de nucă deasupra, apoi radicchio, apoi smochine tocate și apoi brânză.
j) Glisați grătarul înapoi în cuptor și închideți ușa. Prăjiți pizza până când crusta s-a umflat pe margini, pizza s-a înnegrit pe pete și brânza s-a topit timp de 3 până la 4 minute.
k) Scoateți pizza cu o coajă de lemn sau metal sau un pătrat de carton, transferați-o pe o masă de tăiat și lăsați-o să se odihnească câteva minute.
l) Stropiți peste 1 lingură de ulei rămasă, tăiați pizza în sferturi, transferați-o pe o farfurie și mâncați.

33.Pizza Bianca cu piersici

INGREDIENTE:
- 12 oz aluat de pizza
- făină universală, pentru stropire
- 2 linguri ulei de masline
- 3 catei de usturoi, tocati marunt
- 2 piersici, feliate
- 12 oz de mozzarella vegană, tăiată în bucăți
- ½ cană de mozzarella vegană mărunțită
- piper macinat de presarat
- ¼ cană frunze de busuioc bine împachetate
- 1 lingură glazură balsamică, pentru stropire

INSTRUCȚIUNI:

a) Preîncălziți cuptorul la 450F/230C. Stropiți o piatră de pizza cu făină universală. Aplatizați aluatul de pizza într-un cerc aspru, de ¼ inch grosime. Se vopsesc cu ulei de masline si se stropesc cu usturoi tocat.

b) Decorați pizza cu piersici și mozzarella tăiate bucăți, stropiți cu mozzarella mărunțită și puțin piper.

c) Gatiti timp de 15 pana la 20 de minute sau pana cand marginile devin maro auriu si mozzarella clocoteste in centru. Se ia de pe foc si se lasa la racit 5 minute.

d) Decorați pizza cu frunze proaspete de busuioc și stropiți cu glazură balsamică.

34.Pizza vegană cu pepene verde

INGREDIENTE:
- ½ cană alternativă de iaurt cu lapte de cocos neîndulcit
- 1 lingurita sirop de artar pur
- ¼ lingurita extract de vanilie
- 2 felii mari rotunde de pepene verde, tăiate din centrul pepenilor
- ⅔ cană de căpșuni feliate
- ½ cană de afine sau mure tăiate la jumătate
- 2 linguri de fulgi de cocos prajiti neindulci

INSTRUCȚIUNI:
a) Combinați alternativele de iaurt, siropul de arțar și vanilia într-un castron mic.
b) Întindeți ¼ de cană din amestecul de iaurt peste fiecare rundă de pepene.
c) Tăiați fiecare rundă în 8 felii.
d) Acoperiți cu căpșuni și afine.
e) Se presară cu nucă de cocos.

35.Pizza cu fructe de jac la grătar

INGREDIENTE:
PENTRU JACKFRUIT
- Cutie de 20 uncii de fructe de jac verde tânăr în saramură sau apă NU sirop
- ½ cană de ketchup
- ¼ cană oțet de mere
- ¼ cană apă
- 2 linguri tamari sau sos de soia dacă nu evităm glutenul
- 1 lingura sirop de artar
- 1 lingura de mustar galben
- 1 lingurita boia afumata
- 1 lingurita praf de usturoi
- 1 lingurita praf de ceapa

PENTRU PIZZA
- 2 pâine/aluat multicereale de 12 inchi
- ½ rețetă de brânză mozzarella vegană
- ¼ cană ceapă roșie feliată subțire

INSTRUCȚIUNI:

a) Începeți prin a vă pregăti brânză mozzarella vegană. Apoi dați la frigider în timp ce pregătiți restul, astfel încât să se întărească puțin, făcându-vă mai ușor să vă prindeți crusta.
b) Scurgeți și clătiți foarte bine fructele de jac pentru a îndepărta aroma de saramură. Apoi se transferă într-un robot de bucătărie și se presează până când se toarnă. Nu procesați, doriți bucăți groase, nu tocată.
c) Alternativ, puteți transfera fructele de iac pe o placă de tăiat și despărțiți bucățile cu degetele sau cu două furculițe. Pus deoparte.

A GĂTI JACKFRUIT

d) Se amestecă toate ingredientele pentru sos într-un castron mic și se lasă deoparte.
e) Puneți fructele de jac mărunțite într-o tigaie și turnați deasupra sosul. Se caleste la foc mediu, amestecand din cand in cand, pana cand sosul se absoarbe in mare parte. Acest lucru va dura aproximativ 8-10 minute.

ASAMBLARE

f) Preîncălziți cuptorul la 425 de grade F și tapetați o tavă mare pentru a se potrivi cu hârtie de copt sau folosiți două tăvi mai mici.
g) Împărțiți fructele de iac între cele două pâine plate și scoateți mozzarella vegană folosind o linguriță de pepene galben sau o linguriță. Puneți brânză peste pizza și presărați ceapa roșie deasupra. Coaceți timp de 13-18 minute, sau până când marginile sunt aurii și mozzarella este ușor topită.

36. Pizza de dovlecei cu mere și nuci pecan

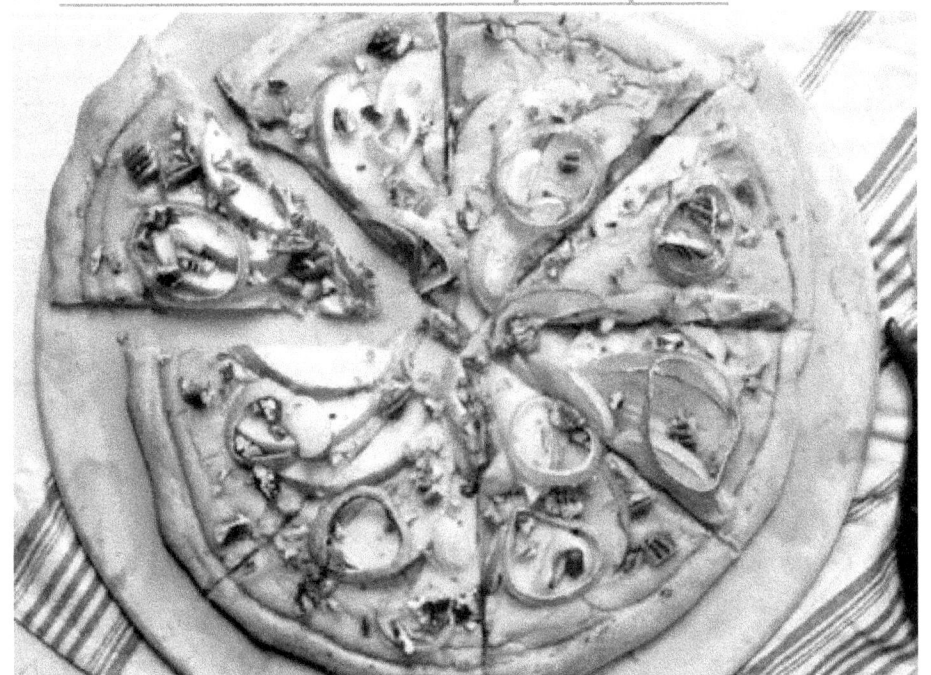

INGREDIENTE:
PENTRU SOS DE DOVLECEI:
- 4 căni de dovleac butternut tăiat cubulețe
- 2 linguri ulei de masline extravirgin
- 1 catel mediu de usturoi, curatat de coaja
- 1 lingură fulgi de drojdie nutritivă
- 1 lingurita mustar de Dijon
- 1 lingurita frunze de cimbru proaspat
- Ciupiți fulgii de ardei roșu
- ½ linguriță sare kosher + mai mult după gust
- ⅛ linguriță de piper negru proaspăt măcinat + mai mult după gust

PENTRU PIZZA:
- 1 liră 16 uncii aluat de pizza de casă sau cumpărat din magazin
- 1 lot de sos de dovlecei
- 2 mere medii
- ½ ceapă roșie mică, tăiată subțire
- ⅓ cană nuci pecan, tocate
- 2 linguri ulei de masline
- Câteva vârfuri de sare cușer sau sare de mare
- Câteva frunze de cimbru proaspăt

INSTRUCȚIUNI:
a) Preîncălziți cuptorul la 450 de grade Fahrenheit.
b) Faceți sosul. Umpleți o cratiță mare cu apă pe jumătate și puneți-o la foc mare. Adăugați dovleac. Aduceți la fierbere și gătiți până se înmoaie în furculiță, 6-7 minute.
c) Scurgeți dovleceii într-o strecurătoare și lăsați să se răcească câteva minute. Adăugați în ulciorul unui blender de mare viteză sau în bolul unui robot de bucătărie prevăzut cu lamă S. Se adaugă ingredientele rămase și se pasează până la omogenizare. Dacă sosul trebuie diluat puțin, mai adăugați puțin ulei de măsline, aproximativ câte o linguriță.
d) Întindeți aluatul în forma și grosimea dorite pe o foaie de prăjituri sau piatră pentru pizza. Adăugați sos de dovlecei și întindeți cu o lingură. Strat cu mere, apoi ceapă, apoi nuci pecan. Stropiți cu 2 linguri de ulei de măsline și presărați câteva vârfuri de sare deasupra.
e) Coaceți până când crusta este aurie și gătită, merele și ceapa sunt fragede, iar nucile pecan sunt prăjite, dar nu arse, aproximativ 10 minute.
f) Acoperiți cu cimbru proaspăt e.

37.Pizza Portobello și măsline negre

INGREDIENTE:

- 1 aluat de pizza
- 2 linguri ulei de masline
- 2 capace de ciuperci portobello, tăiate în felii de ¼ inch
- 1 lingura busuioc proaspat tocat marunt
- ¼ de linguriță de oregano uscat
- Sare și piper negru proaspăt măcinat
- ½ cană sos pizza sau sos marinara

INSTRUCȚIUNI:

a) Aplatizați ușor aluatul crescut, acoperiți-l cu folie de plastic sau un șervețel curat și lăsați-l deoparte să se relaxeze timp de 10 minute.

b) Așezați grătarul cuptorului la cel mai jos nivel al cuptorului. Preîncălziți cuptorul la 450°F. Unge ușor o tavă de pizza sau o foaie de copt.

c) Întoarceți aluatul relaxat pe o suprafață de lucru ușor înfăinată și aplatizați-l cu mâinile, întorcându-l și făinând frecvent, făcându-l într-o rotundă de 12 inci. Aveți grijă să nu suprasolicitați mijlocul sau centrul crustei va fi prea subțire. Transferați aluatul în tava pentru pizza sau tava de copt pregătită.

d) Într-o tigaie, încălziți 1 lingură de ulei la foc moderat.

e) Adăugați ciupercile și gătiți până se înmoaie, aproximativ 5 minute. Se ia de pe foc si se adauga busuiocul, oregano, sare si piper dupa gust. Se amestecă măslinele și se lasă deoparte.

f) Întindeți 1 lingură de ulei rămasă pe aluatul de pizza pregătit, folosind vârful degetelor pentru a-l întinde uniform. Acoperiți cu sosul de pizza, răspândind uniform la aproximativ ½ inch de marginea aluatului. Întindeți amestecul de legume uniform peste sos, la aproximativ ½ inch de marginea aluatului.

g) Coaceți până când crusta devine maro aurie, aproximativ 12 minute. Tăiați pizza în 8 felii și serviți fierbinte.

38.Pizza vegană cu ciuperci albe

INGREDIENTE:
- 1 aluat de pizza
- 2 linguri ulei de masline
- ½ cană ceapă roșie feliată subțire
- ¼ cană ardei gras roșu tocat
- 1 cană ciuperci albe feliate
- ½ cană sos pizza sau sos marinara
- ¼ linguriță busuioc uscat
- Sare și piper negru proaspăt măcinat
- 2 linguri măsline Kalamata tăiate cu sâmburi

TOPINGS OPȚIONAL:
- Dovlecel sotat
- Ardei iute feliați
- Inimioare de anghinare
- Rosii uscate la soare

INSTRUCȚIUNI:
a) Așezați grătarul cuptorului la cel mai jos nivel al cuptorului. Preîncălziți cuptorul la 450°F. Unge ușor o tavă de pizza sau o foaie de copt.
b) Odată ce aluatul de pizza a crescut, aplatizați ușor aluatul, acoperiți-l cu folie de plastic sau un prosop curat și lăsați-l deoparte să se relaxeze timp de 10 minute.
c) Întoarceți aluatul pe o suprafață cu făină și folosiți-vă mâinile pentru a-l aplatiza, întorcându-l și făinând frecvent, făcându-l într-o rotundă de 12 inci. Aveți grijă să nu suprasolicitați mijlocul sau centrul crustei va fi prea subțire. Transferați aluatul în tava pentru pizza sau tava de copt pregătită.
d) Într-o tigaie, încălziți 1 lingură de ulei la foc moderat. Adăugați ceapa, ardeiul gras și ciupercile și gătiți până se înmoaie, aproximativ 5 minute. Se ia de pe foc si se da deoparte.
e) Întindeți 1 lingură de ulei rămasă pe aluatul de pizza pregătit, folosind vârful degetelor pentru a-l întinde uniform.
f) Acoperiți cu sosul de pizza, răspândind uniform la aproximativ ½ inch de marginea aluatului. Se presara cu oregano si busuioc.
g) Întindeți uniform amestecul de legume peste sos până la aproximativ ½ inch de marginea aluatului.
h) Se condimenteaza cu sare si piper negru dupa gust. Stropiți cu măsline și orice topping dorit.
i) Coaceți până când crusta devine maro aurie, aproximativ 12 minute. Tăiați pizza în 8 felii și serviți fierbinte.

39. Mini pizza Portobello

INGREDIENTE:

- 1 roșie Vine, feliată subțire
- ¼ cană busuioc proaspăt tocat
- și piper cu conținut scăzut de sodiu
- 4 uncii de brânză vegană
- 20 de felii de pepperoni
- 6 linguri ulei de măsline
- 4 capace de ciuperci Portobello

INSTRUCȚIUNI:
a) Răzuiți toate interiorul ciupercii.
b) Preîncălziți cuptorul la grătar înalt și ungeți interiorul ciupercilor cu ulei de măsline. Asezonați cu sare și piper.
c) Prăjiți ciuperca timp de 3 minute.
d) Întoarceți ciupercile și ungeți-le cu ulei de măsline și asezonați cu sare și piper .
e) Se fierbe încă 4 minute.
f) În fiecare ciupercă, puneți o frunză de roșie și busuioc.
g) Acoperiți fiecare ciupercă cu 5 bucăți de pepperoni și brânză vegană.
h) Se mai fierbe timp de 2 minute .

40.Pizza ușoară Microgreen Forest

INGREDIENTE:
- 1 aluat de pizza
- ½ cană chimichurri
- ½ cană brânză vegană proaspătă, parțial congelată și rasă
- 4 uncii ciuperci cremini, feliate
- 2 uncii de broccolini
- 1½ cani de rucola
- ⅓ cană brânză vegană rasă
- Amestecul blând de microverduri

INSTRUCȚIUNI:
a) Ungeți o coajă de pizza cu făină de porumb sau gris. Trebuie să curățați coaja de pizza cu mai mult decât credeți pentru a evita lipirea, astfel încât pizza să alunece pe piatra pentru pizza.
b) Pleacă în lateral.
c) Când sunteți gata să modelați aluatul și să vă construiți pizza, preîncălziți cuptorul cu piatra pentru pizza.
d) Așezați piatra pe treimea inferioară a cuptorului și preîncălziți la 500°.
e) Odată ce cuptorul meu este preîncălzit, setați un cronometru pentru 30 de minute.
f) Transferați aluatul de pizza pe o suprafață cu făină generos.
g) Întindeți-o până la o formă de pizza sau o puteți împărți mai întâi în jumătate pentru a face două pizza separate. Pizzale mai mici sunt mai ușor de transferat de la coajă pe piatra de pizza.
h) Asigurați-vă că lăsați o margine sau o margine de „crustă".
i) Transferați aluatul în coaja pregătită.
j) Cu lingura și întindeți chimichurri-ul pe centrul pizza. Acoperiți cu majoritatea brânzei vegane. Apoi acoperiți cu ciuperci cremini feliate și buchețele de broccolini.
k) Coaceți timp de 6 până la 9 minute. Sau până când crusta este aurie, brânza s-a topit și broccolini și ciupercile sunt fragede. Rotesc pizza la jumătatea coacerii.
l) Scoateți și feliați. Acoperiți cu rucola, mai multă brânză, piper negru și micro-verde.

41. Pizza Chanterelle cu brânză vegană

INGREDIENTE:
- 2 aluat de pizza
- ½ cană piure de roșii
- ¼ lingurita sare
- 1 praf de usturoi pudra
- 1 porție de sos de brânză vegan
- 3 cani de chanterelle
- 1 lingura busuioc proaspat tocat
- 1 lingura oregano proaspat

INSTRUCȚIUNI:
a) Preîncălziți cuptorul la 480°F/250°C.
b) Împărțiți aluatul de pizza în două bucăți egale și întindeți fiecare dintre ele pe o hârtie de copt înfăinată până devine o bază bună de pizza.
c) Se amestecă piureul de roșii cu sarea și praful de usturoi.
d) Adăugați-l în aluat și întindeți-l cu o lingură mare.
e) Pregătiți sosul de brânză vegan și adăugați-l în pizza.
f) Spălați și curățați chanterele. Taiati-le mari in jumatate si adaugati-le in pizza.
g) Pune pizza la cuptor si coace aproximativ 10-15 minute.
h) După copt, puneți peste pizza busuioc proaspăt și oregano. Bucurați-vă!

42.Pizza vegană cu ciuperci și șalotă

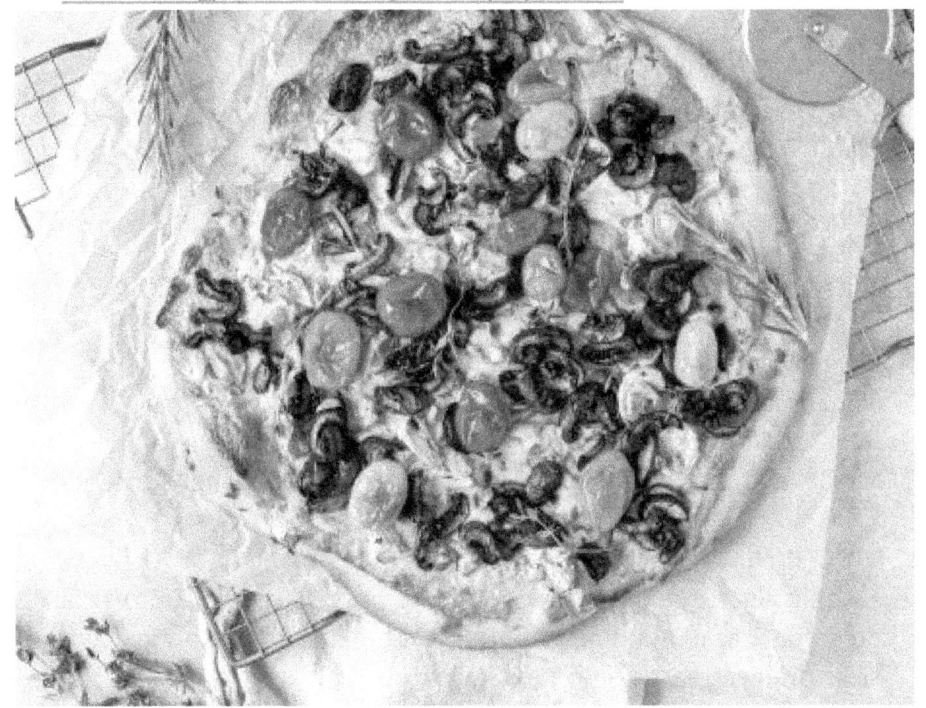

INGREDIENTE:
- Pachet de 16 uncii de aluat de pizza prefabricat
- făină pentru întinderea aluatului
- 3 linguri de ulei de roșii uscate la soare din borcan, separate
- 4 tulpini de ciuperci shiitake scoase și feliate subțiri
- 1 șalotă feliată subțire
- sare si piper dupa gust
- 1 lingurita de cimbru proaspat tocat
- 1 lingurita busuioc proaspat tocat
- 1 catel de usturoi tocat
- 4 linguri crema de branza vegana
- 3 linguri cremă vegană
- ¼ de cană de roșii uscate la soare tăiate grosier, scurs de ulei
- rucola, ulei de măsline, busuioc și fulgi de ardei roșu pentru servire

INSTRUCȚIUNI:

a) Asezam aluatul pe o suprafata usor infainata si incalzim cuptorul la 500 de grade. Lăsați aluatul să ajungă la temperatura camerei și cuptorul să se preîncălzească timp de 30 de minute.

b) În timp ce aluatul se odihnește, adăugați 1 lingură de ulei de roșii uscate la soare într-o tigaie la foc mediu. Adaugati ciupercile, salota si un praf de piper si amestecati pentru a se combina. Gatiti 5 minute, amestecand doar de cateva ori. Adăugați un praf de sare și gătiți încă câteva minute.

c) Se ia de pe foc si se da deoparte.

d) Adăugați restul de 2 linguri de ulei într-un castron cu cimbru, busuioc și usturoi. Se amestecă pentru a se combina și se pune deoparte.

e) Combinați crema de brânză și crema într-un castron și amestecați până la omogenizare. Pus deoparte.

f) Pentru a asambla, întindeți aluatul pe o foaie de copt ușor unsă. Întindeți-vă la forma dorită. Întindeți amestecul de ulei/ierburi pe aluat. Acoperiți cu roșii uscate la soare. Peste rosii se picura amestecul de crema de branza. La sfârșit, întindeți ciupercile/șalote deasupra. Se da la cuptor și se coace 10 minute. Rotiți pizza și gătiți încă 3 minute.

g) Scoateți din cuptor și acoperiți cu rucola, busuioc, fulgi de ardei roșu, un praf de sare și un strop de ulei de măsline.

h) Tăiați și serviți!

43.Roșii galbene Pizza albă

INGREDIENTE:
- 2 aluat de pizza
- 1 cartof Yukon Gold, decojit și tăiat în felii de ¼ inch
- Sare și piper negru proaspăt măcinat
- 2 linguri ulei de masline
- 1 Vidalia sau altă ceapă dulce, tăiată în felii de ¼ inch
- 6 până la 8 frunze de busuioc proaspăt
- 2 roșii galbene coapte, tăiate în felii de ¼ inch

INSTRUCȚIUNI:
a) Așezați grătarul cuptorului la cel mai jos nivel al cuptorului. Preîncălziți cuptorul la 450°F. Aranjați feliile de cartofi pe o tavă de copt unsă ușor cu ulei și asezonați cu sare și piper după gust. Coaceți până când sunt moale și aurii, aproximativ 10 minute. Pus deoparte. Unge ușor o tavă pentru pizza sau o foaie de copt.
b) Odată ce aluatul de pizza a crescut, aplatizați ușor aluatul, acoperiți-l cu folie de plastic sau un prosop curat și lăsați-l deoparte să se relaxeze timp de 10 minute.
c) Întoarceți aluatul relaxat pe o suprafață ușor înfăinată și aplatizați-l cu mâinile, întorcându-l și făinând frecvent, făcându-l într-o rotundă de 12 inci. Aveți grijă să nu suprasolicitați mijlocul sau centrul crustei va fi prea subțire. Transferați aluatul în tava pentru pizza sau tava de copt pregătită.
d) Într-o tigaie, încălziți 1 lingură de ulei la foc moderat. Adăugați ceapa și gătiți până se înmoaie și se caramelizează, amestecând des timp de aproximativ 30 de minute. Se ia de pe foc, se condimentează cu oregano si sare si piper dupa gust si se lasa deoparte.
e) Răspândește restul de 1 lingură de ulei de măsline pe aluatul de pizza pregătit, folosind vârful degetelor pentru a-l întinde uniform. Acoperiți cu ceapa caramelizată, răspândind uniform la aproximativ ½ inch
f) de pe marginea aluatului. Acoperiți cu frunze de busuioc, apoi aranjați peste ceapă și busuioc feliile de cartofi și roșii.
g) Coaceți până când crusta devine maro aurie, aproximativ 12 minute. Tăiați pizza în 8 felii și serviți fierbinte.

44. Brocoli Pizza

INGREDIENTE:

- Făină universală pentru praful unei coji de pizza sau spray antiaderent pentru ungerea unei tavi de pizza
- 1 aluat de casa
- 2 linguri de unt nesarat
- 2 linguri de făină universală
- 1¼ cani obisnuit, lapte de cocos
- 6 uncii de brânză vegană, mărunțită
- 1 lingurita mustar de Dijon
- 1 linguriță de frunze de cimbru cu tulpină sau ½ linguriță de cimbru uscat
- ½ lingurita sare
- Câteva stropi de sos de ardei roșu iute
- 3 cesti buchetele de broccoli proaspete, buchetele de broccoli aburite sau congelate, decongelate
- 2 uncii de brânză vegană, rasă fin

INSTRUCȚIUNI:

a) Pudrați o coajă de pizza cu făină. Așezați aluatul în centrul cojii și formați aluatul într-un cerc prind-o gropițe cu vârful degetelor.

b) Ridicați aluatul și rotiți-l ținându-l de margine, trăgându-l ușor în timp ce faceți acest lucru, până când crusta este un cerc de aproximativ 14 inci în diametru. Pune-l cu faina in jos pe coaja.

c) Ungeți unul sau altul cu spray antiaderent. Așezați aluatul pe tavă sau foaie de copt și ștergeți aluatul cu vârful degetelor până devine un cerc aplatizat. Topiți untul într-o cratiță la foc moderat. Se amestecă făina până când se omogenizează și amestecul rezultat devine blond foarte deschis, aproximativ 1 minut.

d) Reduceți focul la mediu-mic și adăugați laptele de cocos, turnându-l într-un jet lent și constant în amestecul de unt și făină. Continuați să bateți la foc până se îngroașă.

e) Luați tigaia de pe foc și adăugați brânza vegană mărunțită, muștar, cimbru, sare și sos de ardei roșu iute. Se răcește timp de 10 până la 15 minute, amestecând din când în când.

f) Dacă utilizați aluat proaspăt, glisați crusta modelată, dar care nu este încă acoperită, de la coajă pe piatra fierbinte sau puneți crusta pe tava sau foaie de copt fie în cuptor, fie peste porțiunea neîncălzită a grătarului.

g) Coaceți sau grătar cu capacul închis până când crusta devine maro deschis, având grijă să spargă orice bule de aer care apar pe suprafața sau pe marginea acesteia, timp de aproximativ 12 minute.
h) Glisați coaja înapoi sub crustă pentru a o îndeparta de pe piatră sau transferați tava de pizza cu crustă pe un grătar.
i) Întindeți sosul gros de brânză peste crustă, lăsând o margine de ½ inch la margine. Acoperiți cu buchețele de broccoli.

45.Pizza Chard

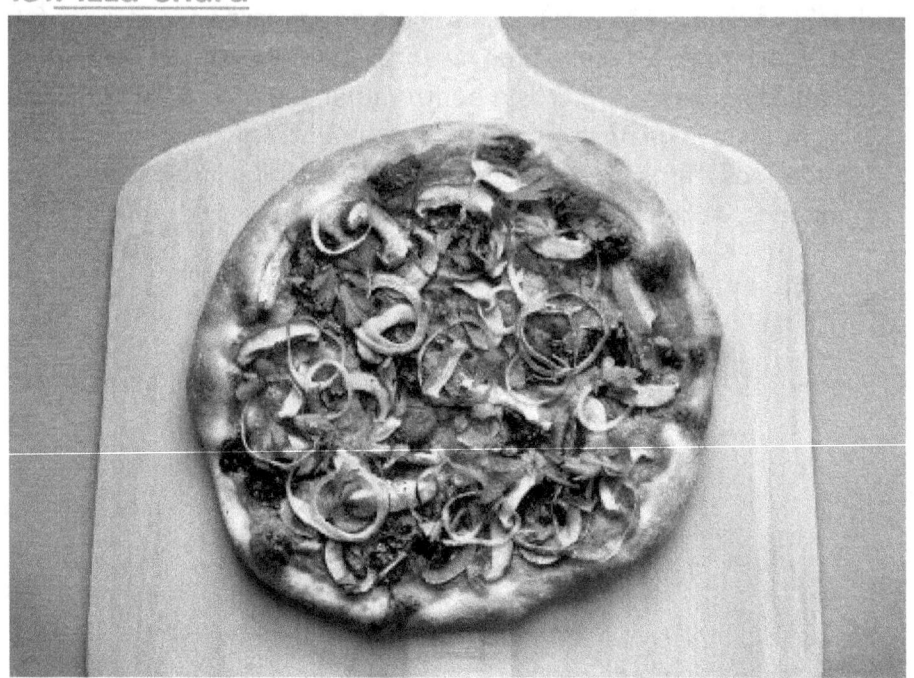

INGREDIENTE:

- 1 aluat de casa,
- 2 linguri de unt nesarat
- 3 catei de usturoi, tocati
- 4 căni de frunze de smog elvețiene, bine împachetate, mărunțite, cu tulpină
- 6 uncii de brânză vegană, mărunțită
- ½ lingurita de nucsoara rasa
- ½ linguriță fulgi de ardei roșu, opțional

INSTRUCȚIUNI:

a) Pudrați o coajă de pizza cu făină și puneți aluatul în centru. Formați aluatul într-un cerc prind-o gropițe cu vârful degetelor.
b) Aluat de pizza proaspăt pe o piatră de pizza. Pudrați o coajă de pizza cu făină de porumb, apoi puneți aluatul în centru. Formează-l într-un cerc prind-o gropițe cu vârful degetelor. Ridică-l și modelează-l cu mâinile, ținându-i marginea și răsucind încet aluatul până când are aproximativ 14 inci în diametru. Pune-l cu faina in jos pe coajă.
c) Ungeți oricare dintre ele cu spray antiaderent. Așezați aluatul pe tavă sau foaie de copt și ștergeți aluatul cu vârful degetelor - apoi trageți și apăsați-l până când formează un cerc de 14 inchi pe tavă sau un dreptunghi neregulat de 12 × 7 inchi pe foaia de copt.
d) Puneți-o pe o coajă de pizza dacă utilizați o piatră pentru pizza - sau puneți crusta coaptă chiar pe o tavă pentru pizza.
e) Se încălzește untul într-o tigaie la foc moderat. Adăugați usturoiul și gătiți timp de 1 minut.
f) Adăugați verdeața și gătiți, aruncând des cu clești sau două furculițe, până când se înmoaie și se ofilesc, aproximativ 4 minute. Pus deoparte.
g) Presărați brânza vegană mărunțită peste aluat, lăsând o margine de ½ inch în jurul marginii.
h) Acoperiți cu amestecul de verdeață din tigaie apoi presărați brânza peste pizza. Deasupra se rade nucsoara si se presara fulgii de ardei rosu, daca se doreste.
i) Alunecă pizza din coajă pe piatra fierbinte sau pune plăcinta pe tava sau foaia ei de făină fie la cuptor, fie pe partea neîncălzită a grătarului. Coaceți sau grătar cu capacul închis până când brânza se topește și clocotește, iar crusta este fermă la atingere, 16 până la 18 minute.

j) Treceți coaja înapoi sub plăcintă pentru a o scoate de pe piatra fierbinte, apoi lăsați-o deoparte sau transferați plăcinta pe tava sau foaie de copt pe un grătar.
k) Se răcește timp de 5 minute înainte de a tăia felii.

46. Pizza cu mazăre și morcovi

INGREDIENTE:
- 1 aluat de casa
- 2 linguri de unt nesarat
- 1½ linguriță de făină universală
- ½ cană lapte de cocos
- ½ cană smântână grea, frișcă sau ușoară 3 uncii
- 2 lingurite frunze de cimbru cu tulpina
- ½ lingurita de nucsoara rasa
- 1 cană mazăre proaspătă decojită sau mazăre congelată, dezghețată
- 1 cană morcovi tăiați cubulețe
- 3 catei de usturoi, tocati
- 1 uncie de brânză vegană, rasă fin

INSTRUCȚIUNI:
a) Pudrați o coajă de pizza cu făină, așezați aluatul în centru și tăiați aluatul într-un cerc aplatizat cu vârful degetelor. Ridică-l și modelează-l ținând-o de margine, rotindu-l încet și întinzând ușor aluatul până când cercul are aproximativ 14 inci în diametru.
b) Pune aluatul cu faina in jos pe coaja.
c) Ungeți fie cu spray antiaderent și puneți aluatul în centrul fiecăreia. Strângeți aluatul cu vârful degetelor până când devine un cerc aplatizat, zdrobit, apoi trageți și apăsați-l până când formează un cerc de 14 inchi pe tavă sau un dreptunghi neregulat de 12 × 7 inchi pe tava de copt.
d) Puneți-o pe o coajă de pizza cu făină dacă utilizați o piatră de pizza - sau puneți crusta coaptă chiar pe o tavă pentru pizza.
e) Topiți untul într-o tigaie la foc moderat. Bateți făina și continuați să amestecați până la omogenizare și un bej foarte deschis.
f) Se amestecă laptele de cocos într-un flux lent și constant, apoi se bate smântâna.
g) Se amestecă brânza mărunțită, cimbru și nucșoară până se omogenizează. Se răcește la temperatura camerei timp de 10 minute.

h) Între timp, alunecă crusta netopită de pe coajă pe piatra încălzită sau pune crusta pe tava ei fie la cuptor, fie peste porțiunea neîncălzită a grătarului.
i) Coaceți sau grătar cu capacul închis până când crusta începe să se simtă fermă la margini și doar începe să se rumenească timp de aproximativ 10 minute.
j) Glisați coaja înapoi sub crusta parțial coaptă și scoateți-o din cuptor sau grătar - sau transferați crusta pe tavă sau foaie de copt pe un grătar.
k) Întindeți peste crustă sosul îngroșat pe bază de lapte de cocos, lăsând o margine de ½ inch la margine.
l) Acoperiți sosul cu mazărea și morcovii, apoi presărați usturoiul uniform peste plăcintă. La final, presărați brânză vegană rasă peste toppinguri.

47.Pizza cu cartofi, ceapă și chutney

INGREDIENTE:

- 1 aluat de casa
- 12 uncii de cartofi albi fierbiți, decojiți
- 6 linguri chutney de mango
- chutney
- 6 uncii de brânză vegană, rasă
- 3 linguri de mărar mărunțit sau 1 lingură de mărar uscat
- 1 ceapa dulce

INSTRUCȚIUNI:

a) Pudrați ușor o coajă de pizza cu făină. Adaugă aluatul și formează-l într-un cerc prind-o gropițe cu vârful degetelor. Ridică-l, ține-i marginea și rotește-l încet, întinzând-l tot timpul, până când are aproximativ 14 inci în diametru. Pune aluatul cu faina in jos pe coaja.

b) Ungeți tava sau foaia de copt cu spray antiaderent. Așezați aluatul în centrul fiecărei gropițe aluatul cu vârful degetelor până când este un cerc gros, aplatizat; apoi trageți și apăsați aluatul până când formează un cerc de 14 inchi pe tavă sau un dreptunghi neregulat de 12 × 7 inci pe tavă. foaie de copt.

c) Puneți-o pe o coajă de pizza dacă utilizați o piatră pentru pizza - sau puneți crusta coaptă pe o tavă pentru pizza. În timp ce cuptorul sau grătarul se încălzește, aduceți la fierbere aproximativ 1 inch de apă într-o cratiță prevăzută cu un aburi de legume. Adăugați cartofii, acoperiți, reduceți focul la mediu și fierbeți la abur până când se înmoaie când sunt străpunși cu o furculiță, aproximativ 10 minute. Transferați într-o strecurătoare pusă în chiuvetă și răciți timp de 5 minute, apoi tăiați în rondele foarte subțiri.

d) Întindeți chutney-ul uniform peste crusta pregătită, lăsând aproximativ o margine de ½ inch la margine. Acoperiți uniform cu brânză vegană rasă. Aranjați feliile de cartofi uniform și decorativ peste plăcintă, apoi stropiți-le cu mărar. Tăiați ceapa în jumătate prin tulpină. Puneți-l cu partea tăiată în jos pe tabla de tăiat și folosiți un cuțit foarte ascuțit pentru a face felii subțiri ca hârtie. Separați aceste felii în fâșii și așezați-le peste plăcintă.

e) Glisați plăcinta de la coajă pe piatra foarte fierbinte, având grijă să păstrați toppingurile la loc, sau puneți plăcinta pe tava sau foaia ei de copt fie în cuptor, fie pe secțiunea grătarului care nu este direct peste sursa de căldură. . Coaceți sau grătar cu capacul închis până când crusta este ușor rumenită la margine, și mai închis pe partea inferioară, 16 până la 18 minute. Dacă apar bule de aer la marginea sau în mijlocul aluatului proaspăt, trageți-le cu o furculiță pentru a obține o crustă uniformă.
f) Treceți coaja înapoi sub plăcinta fierbinte de pe piatră sau transferați plăcinta pe tava sau foaie de copt pe un grătar. Lăsați deoparte să se răcească timp de 5 minute înainte de a tăia și a servi.

48. Pizza cu rădăcini prăjite

INGREDIENTE:
- Făină universală pentru pudrat coaja pizza sau ulei de măsline pentru ungerea tavii pentru pizza
- 1 aluat de casa
- ½ cap de usturoi
- ½ cartofi dulci, decojiți, tăiați în jumătate pe lungime și tăiați subțiri
- ½ bulb de fenicul, tăiat în jumătate, tăiat și feliat subțire
- ½ păstârnac, decojit, tăiat în jumătate pe lungime și feliat subțire
- 1 lingura ulei de masline
- ½ lingurita sare
- 4 uncii de brânză vegană, mărunțită
- 1 uncie de brânză vegană, rasă fin
- 1 lingura otet balsamic siropos

INSTRUCȚIUNI:
a) Pudrați ușor o coajă de pizza cu făină. Adaugă aluatul și formează-l într-un cerc prind-o gropițe cu vârful degetelor. Ridică-l, ține-l de margine cu ambele mâini și rotește-l încet, întinzând marginea puțin de fiecare dată, până când cercul are aproximativ 14 inci în diametru. Puneți partea făinată în jos pe coajă.
b) Ungeți tava sau foaia de copt cu puțin ulei de măsline tamponat pe un prosop de hârtie. Așezați aluatul în centrul fiecărei gropițe al aluatului cu vârful degetelor - apoi trageți și apăsați-l până când formează un cerc de 14 inchi pe tavă sau un dreptunghi neregulat, de aproximativ 12 × 7 inci, pe tava de copt.
c) Puneți-o pe o coajă de pizza cu făină dacă utilizați o piatră de pizza - sau puneți crusta coaptă chiar pe o tavă pentru pizza.
d) Înveliți cățeii de usturoi necurățați într-un pachet de folie de aluminiu și coaceți sau grătar direct la foc timp de 40 de minute.
e) Între timp, aruncați cartofii dulci, feniculul și păstârnacul într-un castron cu ulei de măsline și sare. Turnați conținutul bolului pe o tavă de copt. Puneți la cuptor sau peste secțiunea neîncălzită a grătarului și prăjiți, întorcându-le ocazional, până când se înmoaie și dulce, 15 până la 20 de minute.
f) Transferați usturoiul pe o masă de tăiat și deschideți pachetul, având grijă să aveți grijă de abur. De asemenea, puneți tava de copt cu legumele deoparte pe un grătar.

g) Creșteți temperatura cuptorului sau a grătarului cu gaz la 450 ° F sau adăugați câțiva cărbuni în plus la grătarul cu cărbune pentru a crește puțin căldura.
h) Întindeți brânza vegană mărunțită peste crusta pregătită, lăsând o margine de ½ inch la margine. Acoperiți brânza cu toate legumele, storcând usturoiul moale și moale din coji de hârtie și pe plăcintă. Acoperiți cu brânză vegană rasă.
i) Glisați pizza de la coajă pe piatra fierbinte sau puneți pizza pe tava sau foaie de copt fie în cuptor, fie peste secțiunea neîncălzită a grătarului.
j) Coaceți sau grătar cu capacul închis până când crusta a devenit maro aurie și chiar s-a întunecat puțin pe fundul ei până când brânza s-a topit și a început să se rumenească, 16 până la minute.
k) Glisați coaja înapoi sub crustă pentru a o scoate de pe piatra fierbinte sau transferați pizza pe tava sau foaie de copt pe un grătar. Se lasa deoparte 5 minute.
l) După ce s-a răcit puțin, stropiți plăcinta cu oțet balsamic, apoi o feliați în felii pentru a servi.

49. Pizza cu salata de rucola

INGREDIENTE:
- Un aluat de pizza din cereale integrale
- Făină de porumb
- ⅓ cană sos marinara
- 1½ linguriță de oregano uscat
- 1 cană brânză vegană mărunțită
- 2 cesti amestecate de rucola proaspata si baby spanac
- 1½ cană de roșii cherry galbene proaspete, tăiate la jumătate
- ½ ardei gras rosu, taiat cubulete
- 1 avocado copt, feliat ¼ cană fistic prăjit
- 1 lingura otet balsamic

INSTRUCȚIUNI:
a) Preîncălziți cuptorul la 350°F.
b) Întindeți aluatul de pizza pentru a se potrivi într-o tavă de pizza de 14 inchi sau o piatră pentru pizza.
c) Stropiți tava sau piatra cu făină de porumb și puneți deasupra aluatul.
d) Întindeți sosul marinara pe aluat și presărați peste el oregano și brânză vegană.
e) Puneți tava sau piatra în cuptor și coaceți timp de 30 până la 35 de minute, până când crusta devine aurie și fermă la atingere.
f) În ultimul moment înainte de servire, scoateți crusta din cuptor și acoperiți cu rucola și baby spanac, roșii, ardei gras, avocado și fistic.
g) Verdele se va ofili rapid. Stropiți cu oțet și ulei de măsline. Serviți imediat.

50.Pizza cu ceapa caramelizata

INGREDIENTE:
- ¼ cană ulei de măsline pentru prăjirea ceapă
- 6 căni de ceapă tăiată subțire
- 6 catei de usturoi
- 3 linguri de cimbru proaspăt
- 1 frunză de dafin
- sare si piper
- 2 linguri ulei pentru picurare deasupra pizza
- 1 lingura capere scurse
- 1½ linguriță nuci de pin

INSTRUCȚIUNI:

a) Se încălzește ¼ de cană de ulei de măsline și se adaugă ceapa, usturoiul, cimbru și frunza de dafin.

b) Gătiți, amestecând ocazional, până când cea mai mare parte a umezelii s-a evaporat și amestecul de ceapă este foarte moale, aproape neted și caramelizat aproximativ 45 de minute.

c) Aruncați frunza de dafin și asezonați cu sare și piper.

d) Acoperiți aluatul cu amestecul de ceapă, stropiți cu capere și nuci de pin și stropiți cu uleiul de măsline rămas dacă îl folosiți.

e) Coaceți într-un cuptor preîncălzit la 500 de grade timp de 10 minute sau până când devine auriu. Timpul de coacere va varia în funcție de dacă coaceți pe o piatră, un ecran sau într-o tavă.

51.Pizza cu pinaci la gratar

INGREDIENTE:
- ¼ cană sos marinara
- ¼ cană spanac proaspăt tocat
- ¼ cană brânză vegană mărunțită
- ¼ cană roșii cherry tăiate în sferturi
- ⅛ linguriță de oregano

INSTRUCȚIUNI:
a) Se amestecă făina, apa, uleiul și sarea până se omogenizează.
b) Se toarnă aluatul pe o grătar fierbinte aburită cu spray de gătit.
c) Se încălzește fiecare parte timp de 4-5 minute până când crusta începe să se rumenească.
d) Întoarceți crusta încă o dată și acoperiți cu sos marinara, spanac, brânză, roșii și oregano.
e) Se încălzește timp de 3 minute sau până când brânza se topește.

52.O pizza cu rugula și lămâie

INGREDIENTE:
- 1 aluat de pizza
- 2 cani de piure de rosii
- 1 cățel de usturoi, zdrobit
- 1 lingurita oregano uscat
- 1 lingurita pasta de rosii
- ½ lingurita sare
- Piper negru
- ¼ linguriță fulgi de ardei roșu
- 2 căni de brânză vegană măruntită
- ½ cană brânză vegană rasă
- Opțional, dar frumos
- ½ legătură de rucola, curățată și uscată
- ½ lămâie
- Un strop de ulei de măsline

INSTRUCȚIUNI:

a) Se toarnă piureul de roșii într-o tigaie și se încălzește la foc moderat. Adăugați usturoiul, oregano și pasta de roșii. Amestecați pentru a vă asigura că pasta a fost absorbită în piure.

b) Aduceți la fierbere, apoi reduceți focul și amestecați pentru a vă asigura că sosul nu se lipește. Sosul poate fi gata în 15 minute sau poate fi fiert mai mult timp, până la jumătate de oră. Se va reduce cu aproximativ un sfert, ceea ce vă oferă cel puțin ¾ de cană de piure per pizza.

c) Gustați de sare și asezonați corespunzător și adăugați piper negru și/sau fulgi de ardei roșu. Scoateți cățelul de usturoi.

d) Se pune sosul în mijlocul cercului de aluat și se întinde cu o spatulă de cauciuc până când suprafața este complet acoperită.

e) Puneți brânza vegană deasupra sosului. Amintiți-vă, brânza se va răspândi pe măsură ce se topește în cuptor, așa că nu vă faceți griji dacă vi se pare că pizza nu este acoperită din plin cu brânză.

f) Puneți într-un cuptor preîncălzit la 500°F și coaceți conform instrucțiunilor pentru aluatul de pizza.

g) Când pizza este gata, ornează-o cu brânză vegană și rucola.

h) Stoarceți lămâia peste verdeață și/sau stropiți cu ulei de măsline dacă doriți.

53.Pizza proaspătă de grădină

INGREDIENTE:

- Două rulouri de semilună la frigider
- Două pachete de brânză cremă de caju, moale
- ⅓ cană maioneză
- Pachet de 1,4 uncii de amestec uscat pentru supă de legume
- 1 cană ridichi, feliate
- ⅓ cană ardei gras verde tocat
- ⅓ cană ardei gras roșu tocat
- ⅓ cană ardei gras galben tocat
- 1 cană buchețele de broccoli
- 1 cană buchetele de conopidă
- ½ cană morcov tocat
- ½ cană de țelină tocată

INSTRUCȚIUNI:

a) Setați cuptorul la 400 de grade F înainte de a face orice altceva.
b) În partea de jos a unei tavi de jeleu de 11 x 14 inci, întindeți aluatul pentru rulada de semilună.
c) Cu degetele, prindeți toate cusăturile împreună pentru a forma o crustă.
d) Gatiti totul la cuptor pentru aproximativ 10 minute.
e) Scoateți totul din cuptor și lăsați-l deoparte să se răcească complet.
f) Într-un castron, amestecați maioneza, brânza cremă de caju și amestecul de supă de legume.
g) Puneți uniform amestecul de maioneză peste crustă și acoperiți totul cu legume uniform și presă-le ușor în amestecul de maioneză.
h) Cu folie de plastic, acoperiți pizza și puneți-o la frigider peste noapte.

54.Roma Fontina Pizza

INGREDIENTE:
- ¼ cană ulei de măsline
- 1 lingurita usturoi tocat
- ½ linguriță sare de mare
- 8 roșii rom, feliate
- Două cruste de pizza precoapte de 12 inchi
- 12 uncii de brânză vegană mărunțită
- 10 frunze de busuioc proaspăt, mărunțite

INSTRUCȚIUNI:
a) Setați cuptorul la 400 de grade F înainte de a face orice altceva.
b) Într-un castron, amestecați roșiile, usturoiul, uleiul și sarea și lăsați-l deoparte aproximativ 15 minute.
c) Ungeți fiecare crustă de pizza cu câteva marinate de roșii.
d) Acoperiți totul cu brânză vegană, urmată de roșii și busuioc.

55.Pizza cu anghinare cu spanac

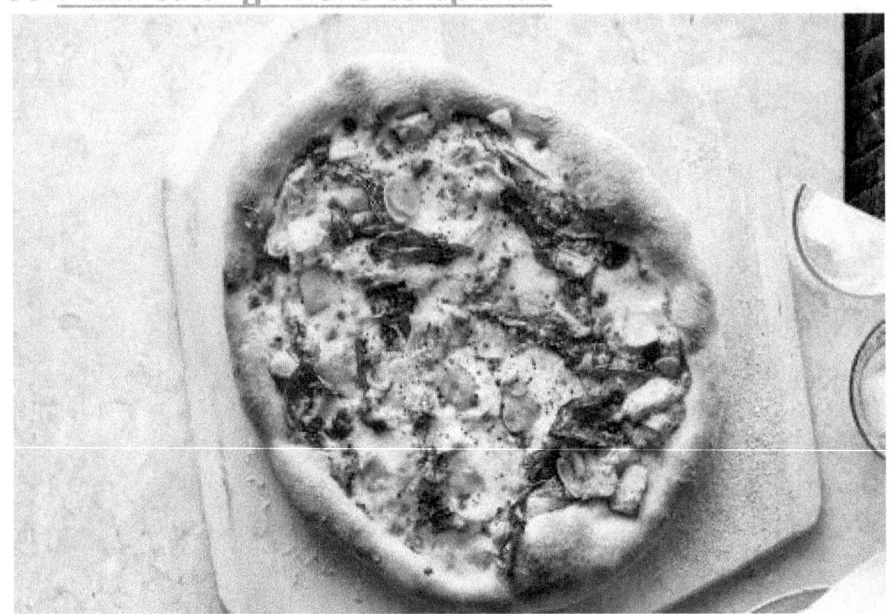

INGREDIENTE:
- 1 cutie de fasole albă
- ¼ cană apă
- 2 linguri drojdie nutritiva
- ½ cană caju
- 1 lingura suc proaspat de lamaie
- 1 ceapa, tocata
- 5 căni de spanac proaspăt
- 2 catei de usturoi, tocati
- 1 conserve de inimioare de anghinare, scurse
- sare
- piper negru
- fulgi de ardei rosu
- 2 aluat de pizza prefabricat
- ½ cană de brânză mozzarella vegană

INSTRUCȚIUNI:
a) Preîncălziți cuptorul la 350 °F.
b) Clătiți și scurgeți fasolea albă conservată și puneți-o într-un blender împreună cu caju, sucul de lămâie, apă și drojdia nutritivă. Dacă vrei să-i faci ceva mai ușor pentru blender, le poți înmuia în apă timp de 4-6 ore înainte de a le folosi. Pune deoparte.
c) Se incinge putin ulei intr-o tigaie mare si se caleste ceapa aproximativ 3 minute pana devine translucida. După 2 minute, adăugați usturoiul. Apoi adăugați 2 căni de spanac și gătiți încă 3 minute. Se amestecă amestecul de fasole albă și caju. Se condimentează cu sare, piper și fulgi de ardei roșu.
d) Întindeți uniform pe aluatul de pizza. Tăiați inimioarele de anghinare în sferturi și puneți-le pe pizza împreună cu spanacul rămas. Stropiți cu brânză vegană.
e) Coaceți pizza timp de 8 minute sau consultați instrucțiunile de pe ambalaj.

56.Pizza Vegană Caprese

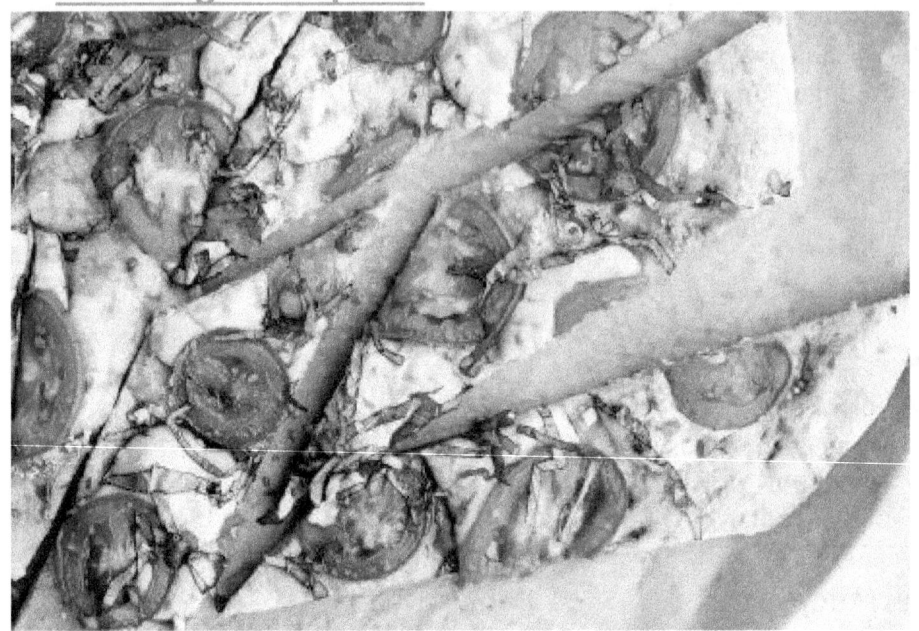

INGREDIENTE:
- 1 kg aluat de pizza multicereal
- ⅔ cană apă filtrată
- ½ cană caju crude
- 1 lingura drojdie nutritiva
- 1 lingură pudră de săgeată
- 1 lingura otet de mere
- ½ linguriță sare de mare, plus mai multă pentru condimente
- 2 linguri ulei de masline
- 2 până la 3 căței de usturoi, tocați
- 2 până la 3 roșii Roma coapte, feliate subțiri
- Reducere balsamica
- O mână de frunze de busuioc proaspăt, feliate foarte subțiri
- Fulgi de ardei roșu mărunțiți

INSTRUCȚIUNI:

a) Preîncălziți cuptorul la 400F. Tapetați o tavă rotundă pentru pizza cu aerisire cu hârtie de pergament.

b) Pudrați ușor o suprafață de lucru curată cu făină și întindeți aluatul de pizza într-un cerc de 15 inchi. Transferați în tava pentru pizza tapetată și coaceți timp de 7 minute sau până când fundul abia începe să se întărească.

c) În timp ce pizza se coace, pregătiți mozzarella de caju adăugând apă filtrată, caju, drojdie nutritivă, praf de săgeată, oțet de mere și sare de mare într-un blender de mare viteză. Amestecați la putere maximă timp de 2 minute sau până la omogenizare completă. Se toarnă amestecul într-o cratiță. Dați focul la mediu și amestecați constant timp de 3 până la 5 minute sau până când începe să se îngroașe. Nu supraîncălziți. Se lasa deoparte sa se raceasca putin.

d) Ungeți partea de sus a aluatului de pizza parcoat cu ulei de măsline și stropiți cu usturoi. Folosiți o lingură pentru a arunca o lingură de mozzarella de caju pe suprafața pizza. Acoperiți cu roșii tăiate felii.

e) Readuceți pizza la cuptor și coaceți încă 8 până la 14 minute sau până când se ajunge la starea dorită.

f) Scoatem din cuptor si lasam sa se raceasca putin.

g) Stropiți generos cu Reducerea Balsamică și stropiți cu busuioc proaspăt. Dacă doriți, asezonați cu sare de mare și fulgi de ardei roșu mărunțiți.

h) Serviți imediat.

57.Pizza Gratar Cu Conopida Crocanta

INGREDIENTE:
- 1 aluat de casa

PENTRU CONOPIA BBQ:
- ½ cap de conopida
- 1 cană sos BBQ
- 1 lingurita praf de boia afumata
- 1 lingurita praf de usturoi
- ½ linguriță de fum lichid

PENTRU SOS VEGAN DE USSturoi:
- 1 cană iaurt de cocos neîndulcit
- 2 catei de usturoi, tocati
- Sarat la gust
- piper negru, dupa gust

INSTRUCȚIUNI:

a) Mai întâi, faceți aluatul. Combinați ingredientele uscate într-un bol și amestecați bine. Adăugați încet uleiul de măsline și apa călduță. Frământați aluatul cu mâinile. Adăugați mai multă apă dacă este necesar. Formați o minge și puneți-o într-un castron pe care îl acoperiți cu o cârpă sau un prosop de bucătărie. Cel mai bun lucru la acest aluat este că nu trebuie să crească prea mult. 45 de minute sunt suficiente. Poate chiar ai putea scăpa cu 30 de minute dacă lași aluatul să crească într-un loc cald.

b) Între timp, faceți conopida BBQ. Tăiați conopida în buchețe de mărimea unei mușcături. Combinați sosul BBQ cu condimentele. Folosiți jumătate din sos pentru a înmuia buchețelele, astfel încât acestea să fie complet acoperite. Așezați-le pe o foaie de copt tapetată cu hârtie de copt și coaceți timp de 10 minute la 350 °F.

c) Pregătește-ți aluatul. Întoarceți aluatul pe o suprafață de lucru înfăinată ușor și frământați ușor pentru a forma două pizza.

d) Ungeți conopida coaptă BBQ cu sosul rămas și puneți-o pe pizza. Coaceți timp de 12-15 minute sau până când se rumenește ușor și devine crocant. Se presara patrunjel tocat si ceapa verde.

e) Și nu uitați de sosul vegan de usturoi! Doar combinați ingredientele într-un castron mic și turnați peste pizza.

58.Pizza cu legume la grătar

INGREDIENTE:
- 2 Crustă de pizza fără drojdie
- 2 ½ căni de făină universală
- 1 lingura praf de copt
- ½ lingurita sare
- 1 lingurita ulei de masline
- ⅔ cană apă călduță
- ½ cană sos pizza

TOppinguri
- 1 lingurita ulei de masline + mai mult pentru periajul crustei
- ½ dovlecel, feliat
- 1 ardei gras rosu, taiat in bucatele
- 5 căni de ciuperci, feliate
- 1 ceapa rosie, taiata felii
- ¾ cană fărâmițe de brânză vegană, alternativ, puteți folosi și un sos de brânză de casă
- 1 praf sare

INSTRUCȚIUNI:
a) Pentru aluatul de pizza: Combinați făina universală, praful de copt și sarea într-un castron mare.
b) Se adauga uleiul de masline si apa si se framanta pana se formeaza un aluat omogen.
c) Pentru sosul de pizza: Combinați piureul de roșii, sarea, oregano uscat și busuioc uscat.
d) Într-o tigaie mare, încălziți uleiul de măsline și adăugați dovlecelul, ardeiul gras roșu, ciupercile și ceapa roșie.
e) Se condimentează cu un praf de sare și se lasă să fiarbă la foc mediu spre mare până când legumele sunt moi.
f) Preîncălziți cuptorul la 480°F/250°C.
g) Împărțiți aluatul de pizza în două părți egale și întindeți-le fiecare pe hârtie de pergament ușor înfăinată.
h) Întindeți deasupra sosul de roșii. Acoperiți cu bucăți de brânză vegană și legume.
i) Ungeți crusta cu ulei de măsline.
j) Coaceți pizza la cuptor pentru aproximativ 15 minute până devin crocante. Bucarati-vă!

59.Pizza cu ar tichoke și măsline

INGREDIENTE:
- Crusta de pizza precoaptă de 12 inci
- ½ cană pesto
- 1 roșie coaptă, tocată
- ½ cană ardei gras verde, tocat
- Cutie de 2 uncii de măsline negre tocate, scurse
- ½ ceapa rosie, tocata
- Cutie de 4 uncii de inimioare de anghinare, scurse și tăiate felii
- 1 cană brânză vegană măruntită

INSTRUCȚIUNI:
a) Setați cuptorul la 450 de grade F înainte de a face orice altceva.
b) Pune aluatul pe o tava pentru pizza.
c) Puneți un strat subțire de pesto peste crustă uniform și acoperiți cu legume și brânză vegană.
d) Presărați pizza cu brânză și gătiți totul la cuptor pentru aproximativ 8-10 minute.

60.Pizza vegană cu pepperoni cu dovlecel

INGREDIENTE:
- 1 aluat de bază
- 2 linguri pasta de rosii
- 2 dovlecei
- sos iute
- 2 linguri tamari
- 2 linguri de otet balsamic
- brânză vegană

INSTRUCȚIUNI:
DOVLECEI „PEPPERONI":
a) Dovleceii se spală și se feliează subțiri.
b) Într-o tavă de copt, amestecați sosul iute cu tamari și oțet balsamic.
c) Adăugați dovleceii și amestecați, astfel încât să fie bine acoperiți.
d) Acoperiți și marinați peste noapte la frigider.

PIZZA:
e) Preîncălziți cuptorul la 390°F.
f) Întindeți pasta de roșii deasupra crustei. Adăugați feliile de dovlecel picant marinate.
g) Completați cu brânză vegană.
h) Se coace la cuptor pentru 12-15 minute.

61. Crusta de pizza de linte rosie

INGREDIENTE:
- ¾ cană linte roșie SPLIT uscată nefiertă
- ¾ cană apă
- 1,5 linguriță pudră de usturoi
- ½ lingurita busuioc uscat
- ½ linguriță de oregano uscat
- ¾ linguriță sare de mare
- Toppinguri vegane

INSTRUCȚIUNI:
a) Tapetați o tavă rotundă pentru pizza de 12 inchi cu hârtie de copt și preîncălziți cuptorul la 450 de grade F cu convecție.
b) Adăugați toate ingredientele într-un blender de mare viteză și procesați la putere maximă timp de aproximativ 30-60 de secunde sau până când se face piure complet.
c) Turnați amestecul pe tava pentru pizza pregătită și întindeți-l cât mai subțire și uniform posibil, folosind o spatulă de silicon.
d) Coaceți timp de 12 minute. Apoi răsturnați cu grijă aluatul, folosind pergamentul pentru a ajuta la răsturnarea lui. Apoi desprindeți hârtia de copt și puneți crusta la cuptor pentru încă 5 minute până devine aurie.
e) Acoperiți pizza după cum doriți și coaceți timp de 3-5 minute pentru a încălzi toppingurile. Apoi scoateți din cuptor și lăsați să se odihnească 1-2 minute înainte de a tăia felii.

62.Pizza picantă cu fasole Pinto

INGREDIENTE:

- 1 aluat de pizza
- 1 lingura ulei de masline
- 1 lingurita pudra de chili
- 1½ cani de fasole pinto fiarta, scursa
- 1 cană salsa de roșii
- 2 linguri de ardei iute verde tocat la conserva fierbinți sau ușoare
- 2 linguri măsline Kalamata tăiate cu sâmburi
- 2 linguri coriandru proaspăt tocat

INSTRUCȚIUNI:

a) Aplatizați ușor aluatul crescut, acoperiți-l cu folie de plastic sau un șervețel curat și lăsați-l deoparte să se relaxeze timp de 10 minute.

b) Așezați grătarul cuptorului la cel mai jos nivel al cuptorului. Preîncălziți cuptorul la 450°F. Unge ușor o tavă de pizza sau o foaie de copt. Întoarceți aluatul relaxat pe o suprafață ușor înfăinată și aplatizați-l cu mâinile, întorcându-l și făinând frecvent, făcându-l într-o rotundă de 12 inci. Aveți grijă să nu suprasolicitați mijlocul sau centrul crustei va fi prea subțire. Transferați aluatul în tava pentru pizza sau tava de copt pregătită.

c) Intr-o tigaie se incinge uleiul la foc moderat. Se amestecă pudra de chili, apoi se adaugă fasolea, amestecând pentru a se combina și a încălzi fasolea, aproximativ 5 minute.

d) Luați de pe foc și zdrobiți bine fasolea, adăugând o cantitate de salsa, dacă este necesar, pentru a umezi fasolea.

e) Întindeți amestecul de fasole uniform pe aluatul de pizza pregătit la aproximativ ½ inch de marginea aluatului. Întindeți salsa uniform peste amestecul de fasole și stropiți cu ardei iute și măsline.

f) Coaceți până când crusta devine maro aurie, aproximativ 12 minute. După ce scoateți pizza din cuptor, stropiți cu coriandru, tăiați în 8 felii și serviți fierbinte.

63.Pizza cu fasole Nacho

INGREDIENTE:

- 1 aluat de casa
- 1¼ cani de fasole prajita la conserva
- 6 uncii de brânză vegană, mărunțită
- 3 rosii prune, tocate
- ½ linguriță de chimen măcinat
- 1 lingurita frunze de oregano tocate
- ½ lingurita sare
- ½ linguriță piper negru proaspăt măcinat
- 1/3 cană salsa
- Felii de jalapeño murate în borcan, după gust

INSTRUCȚIUNI:

a) Pudrați o coajă de pizza cu făină de porumb, așezați aluatul în centru și formați aluatul într-un cerc gropindu-l cu vârful degetelor.

b) Ridică-l și modelează-l cu mâinile la margine, răsucind încet aluatul până când are aproximativ 14 inci în diametru. Puneți-o cu faina de porumb în jos pe coajă.

c) Ungeți tava sau foaia de copt cu spray antiaderent. Așezați aluatul în centru și ștergeți aluatul cu vârful degetelor până când devine un cerc mare, aplatizat, apoi trageți și apăsați-l până când formează un cerc de 14 inchi pe tavă sau un dreptunghi neregulat, de aproximativ 12 × 7 inci, pe tavă. foaie de copt.

d) Puneți-o pe o coajă de pizza dacă utilizați o piatră pentru pizza - sau puneți crusta coaptă chiar pe o tavă pentru pizza. Folosiți o spatulă de cauciuc pentru a întinde fasolea prăjită peste crustă, acoperind-o uniform, dar lăsând o margine de ½ inch la margine. Acoperiți fasolea cu brânză vegană mărunțită.

e) Se amestecă roșiile tocate, chimenul, oregano, sarea și piperul într-un castron, apoi se întinde uniform peste brânză. Puneti salsa in lingura peste crusta. Aluneca pizza din coaja pe piatra incalzita sau pune placinta pe tava sau foaia ei de copt in cuptor sau pe gratarul la foc indirect. Coaceți sau grătar cu capacul închis până când brânza clocotește și fasolea este fierbinte,

f) Treceți coaja înapoi sub crustă și puneți deoparte sau transferati plăcinta pe tavă sau foaie de copt pe un grătar. Se răceşte timp de 5 minute.

g) Acoperiți plăcinta felii de jalapeño înainte de a tăia și a servi.

64. Pizza de mango cu fasole neagră

INGREDIENTE:

- 1 crusta de pizza pregatita
- ¾ cană salsa medie sau fierbinte
- ¾ cană brânză vegană mexicană mărunțită
- ½ cană de dovlecel feliat subțire
- ½ cană mango feliat
- ¼ de cană de fasole neagră gătită sau conservată, clătită
- 1 ceapa verde taiata felii
- ¼ cană frunze de coriandru

INSTRUCȚIUNI:

a) Preîncălziți cuptorul la temperatura indicată pe pachetul cu crusta de pizza.
b) Puneți crusta pe o foaie de copt și întindeți salsa pe ea, lăsând un chenar de 1 inch pe toate părțile.
c) Acoperiți cu brânză, dovlecei, mango și fasole.
d) Coaceți conform instrucțiunilor pentru crustă.
e) Acoperiți cu ceapă verde și coriandru înainte de servire.

65.Bbq Porumb Jalapeno Pizza cu cartofi dulci

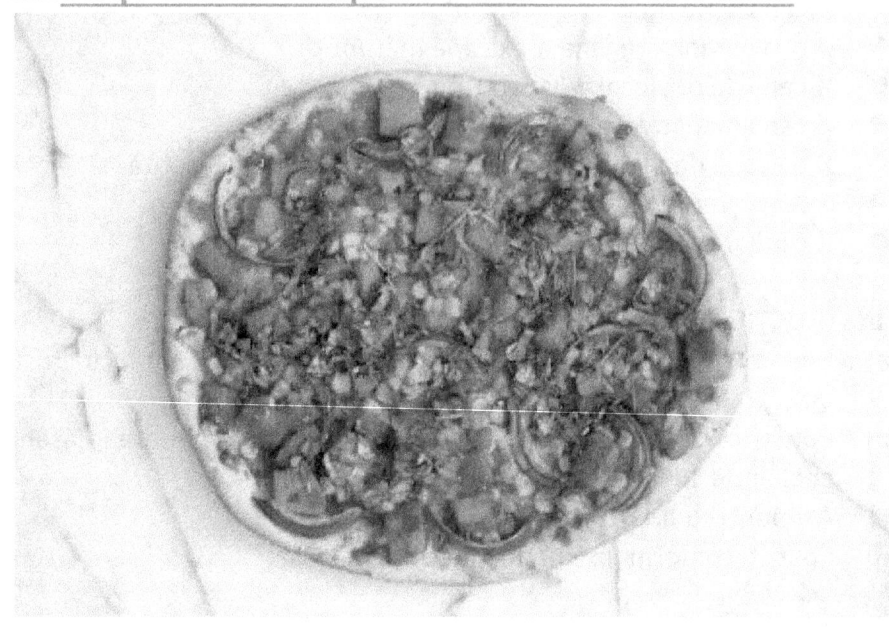

INGREDIENTE:
- 1 crusta de pizza
- 1 cartof dulce mic cuburi
- ⅓ cană boabe de porumb, decongelate dacă sunt congelate
- ½ ceapă, feliată groase
- ardei sau alte legume
- 1 jalapeno feliat
- ⅓ cană sos BBQ fără soia
- 3 lingurițe de condimente pentru grătar

INSTRUCȚIUNI:
a) Fierbeți cartofii dulci și porumbul într-o cratiță la foc mediu. Adăugați apă doar pentru a acoperi legumele. Se fierbe 5 minute după ce a dat în clocot. Scurgeți și răciți timp de un minut apoi transferați într-un bol.
b) Se amestecă cu ceapă, ardei/legume, 2 linguri de sos BBQ și un strop de piper negru.
c) Modelați aluatul de pizza într-o pizza mare cu crustă subțire.
d) Ungeți ulei de măsline pe aluatul de pizza. Întindeți amestecul de cartofi dulci pe pizza. Adăugați jalapeno. Presărați cu generozitate condimentele pentru grătar peste legume. Stropiți o parte sau tot sosul BBQ.
e) Coaceți la 425 de grade timp de 16 până la 18 minute. Se răcește un minut. Ornați cu coriandru, mai multe condimente BBQ și mai mult sos BBQ dacă doriți. Tăiați și serviți.

66.Pizza cu crema de porumb

INGREDIENTE:
- ½ lot de aluat de pizza de casă
- ½ ceapă mică, tocată
- 8 până la 10 roșii struguri sau cherry, tăiate la jumătate
- ½ cană de crumbles de chorizo vegan
- 6 sau 7 frunze de busuioc proaspăt
- piper negru
- fulgi de ardei rosu, optional

PENTRU SOS DE PORUMB CREM
- 1 ¾ cană boabe de porumb, împărțite, dezghețate
- ½ cană de lapte de nucă de cocos plin de grăsime
- 1 catel de usturoi
- 2 linguri de unt vegan, inmuiat, optional
- 2 linguri amidon de tapioca
- 1 lingură drojdie nutritivă
- 1 lingurita de zahar organic din trestie
- ¾ linguriță sare de mare fină

INSTRUCȚIUNI:
a) Pentru cea mai buna crusta, recomand sa folositi o piatra pentru pizza. În caz contrar, o tavă standard pentru pizza sau o foaie de copt este în regulă; timpul de coacere poate fi crescut. Dacă folosiți o piatră, puneți-o în cuptor și preîncălziți la 500 de grade F.

b) Înainte de a pregăti sosul de porumb cremă, asigurați-vă că toate ingredientele sunt la temperatura camerei. În bolul unui robot de bucătărie combinați 1 cană de porumb și ingredientele rămase pentru sos. Procesați până se combină. Adăugați ¼ de cană de porumb și pulsați de mai multe ori, astfel încât să rămână puțină textură. Gustați și adăugați încă un praf de sare sau zahăr, dacă doriți. Pus deoparte.

c) Pe o suprafață ușor înfăinată, întindeți aluatul la un diametru de 12 inci. Dacă folosiți o coajă de pizza, pregătiți-vă așa cum ați face de obicei. În caz contrar, scoateți piatra fierbinte din cuptor. Transferați cu grijă aluatul pe piatră.

d) Întindeți pe aluat aproximativ jumătate din sosul de porumb cremă. Adăugați ceapa, roșiile, chorizo și ½ cană de porumb rămasă. Dacă utilizați crusta de pizza cumpărată din magazin, coaceți conform instrucțiunilor de pe ambalaj. Dacă folosiți aluat de casă, coaceți timp de 15 până la 17 minute sau până când devine crocant și auriu.

e) Lasam pizza sa se raceasca cateva minute. Adăugați piper negru, fulgi de ardei roșu zdrobiți, dacă folosiți, și busuioc proaspăt. Tăiați și serviți.

BURRITOS

67. Burrito cu caise

INGREDIENTE:
- 8 oz de caise uscate -- tăiate în: bucăți
- 1 c apa
- ¼ c zahăr granulat
- ¼ c. zahăr brun -- ambalat
- ¼ linguriță scorțișoară
- ¼ lingurita nucsoara
- 20 tortilla de 6 inci

INSTRUCȚIUNI:
a) Aduceți primele 6 ingrediente la fierbere. Se fierbe neacoperit 10 minute sau până când fructele sunt fragede și amestecul se îngroașă.
b) Pune 1 lingură de amestec pe o margine de tortilla. Rulează.
c) Se prăjesc în ulei încins până se rumenesc, întorcându-le o dată. Scurgere.
d) Serviți cald sau rece.

68. Baby Bean Burritos

INGREDIENTE:

- 12 tortilla de făină (6 inchi).
- 1 ceapa medie; tocat
- 1 lingura ulei vegetal
- 2 catei de usturoi; tocat
- 1 ardei jalapeno proaspăt
- 1 cutie de fasole prajita mexicana
- 1 cană brânză Monterey Jack vegană
- ½ lingurita Chimen măcinat
- Smântână și salsa

INSTRUCȚIUNI:

a) Preîncălziți cuptorul la 325 de grade. Stivuiți tortilla și tăiați în jumătate. Înfășurați teancul de tortilla în folie și încălziți pană se încălzește, 10 până la 15 minute.

b) Între timp, într-o tigaie mare, gătiți ceapa în ulei la foc mediu-mare până se înmoaie, dar nu se rumenește, 2-3 minute. Adăugați usturoi și ardei jalapeno și gătiți până când usturoiul este doar parfumat, aproximativ 30 de secunde. 3. Întindeți aproximativ 1-½ linguriță de amestec de fasole pe fiecare jumătate de tortilla și rulați tip jeleu.

c) Aranjați pe o farfurie de servire și stropiți cu coriandru. Se serveste cald cu smantana si salsa.

69.Burritos cu fasole și orez

INGREDIENTE:
- 1 cutie de fasole Pinto, parc acvatic de 16 oz
- 1 cană de orez brun; gătit
- ½ cană ceapă; congelate, tocate
- ½ cană Gr. ardei; congelate, tocate
- ½ cană porumb; înghețat
- Pudra de chili; liniuță
- Salata verde, tocata
- 1 buchet de ceai verde; tocat
- Chimion; liniuță
- Praf de usturoi; liniuță
- Salsa, fără ulei, cu conținut scăzut de sodiu
- 10 tortilla, grâu integral
- 1 roșie; tocat

INSTRUCȚIUNI:
a) Căleți ceapa congelată și ardeiul verde în câteva linguri de apă într-o tigaie. Scurgeți și clătiți fasolea și puneți-le într-o tigaie și zdrobiți-le cu un piure de cartofi. Adăugați orezul fiert, porumbul, condimentele și apa.

b) Încălziți rapid tortillas . Puneți o linie de amestec de fasole pe mijlocul fiecărei tortille; adăugați o linguriță de salsa și oricare dintre celelalte toppinguri după cum doriți. Îndoiți ½ inch pe fiecare parte, introduceți marginea de sus și rulați într-un burrito.

c) Serviți imediat, acoperit cu salsa suplimentară, dacă doriți.

70. Fasole și Tvp Burritos

INGREDIENTE:
- 10 tortillas mari (10")
- 1 cană fasole pinto uscată, înmuiată
- 1 frunză de dafin
- 3 catei de usturoi, tocati
- ½ cană Granule sau fulgi TVP
- 2 lingurite chili pudra
- 1 lingurita Chimen
- 1 lingurita Sare
- ½ lingurita oregano
- 1 lingura ulei de masline
- 1 cană ceapă, tocată

INSTRUCȚIUNI:

a) Combinați TVP, apa fierbinte, lichidul de fasole fierbinte, praf de chili, chimen, sare și oregano. Se caleste ceapa in uleiul de masline intr-o calita de marime buna pana se inmoaie.

b) Adăugați TVP condimentat și mai gătiți câteva minute. Se amestecă fasolea fiartă,

c) Pentru asamblare: se încălzește o grătar sau o tigaie până când câteva picături de apă dansează la suprafață. Prăjiți fiecare tortilla pe ambele părți până când suprafața tortillei începe să clocotească și să se rumenească ușor. Păstrați-le calde într-un prosop gros. Când toate sunt încălzite, puneți aproximativ ⅓ de cană de umplutură pe o parte a tortillei și rulați.

71.Burrito cu cireşe

INGREDIENTE:
- 6 tortilla cu făină (6 inchi).
- 1 pachet amestec de budincă de vanilie fără zahăr
- ¾ cană apă
- 1½ cană de cireșe; fara zahar adaugat
- 2 picături colorant alimentar roșu (până la 3)
- ½ linguriță extract de migdale
- 1 lingurita scortisoara
- 1 lingura zahar pudra

INSTRUCȚIUNI:
a) Preîncălziți cuptorul la 350 F. Într-o tavă medie, combinați amestecul de budincă, apa și cireșele,
b) Gatiti la foc mediu pana se ingroasa. Adăugați colorant alimentar roșu și extract de migdale. Se amestecă bine pentru a se combina. Se ia de pe foc. Pulverizați o foaie mare de prăjituri sau o tavă cu jeleu cu spray de gătit cu aromă de unt.
c) Împărțiți uniform umplutura de cireșe și așezați-o în centrul fiecărei tortille. Îndoiți o margine peste umplutură; rulați strâns pe partea opusă. Puneți cu cusătura în jos pe foaia de biscuiți. Pulverizați partea de sus a fiecăruia cu spray de unt. Stropiți cu scorțișoară.
d) Se coace 10-12 minute.

72.Burrito cu nuci

INGREDIENTE:
- 1 dovleac; gătit și piure
- 1 ceapa rosie; tocat
- 4 catei de usturoi; tocat fin
- 1 lingură pulbere Chile
- 1 lingura Oregano
- 1 lingura Chimen
- 1 lingurita sos de soia Tamari
- 6 tortilla
- 1 conserve Sos Enchilada; roșu sau verde

INSTRUCȚIUNI:
a) Preîncălziți cuptorul la 350 F.
b) Se caleste ceapa si usturoiul in putin ulei pana devin translucide
c) Adăugați piure de dovleac și ierburi. Se amestecă și se fierbe la foc mic până când aromele se amestecă. Adăugați mai multe ierburi după gust.
d) Umpleți tortilla cu amestec și rulați.
e) Acoperiți cu sosul Chile și coaceți timp de 30 de minute.

73.Burritos cu porumb și orez

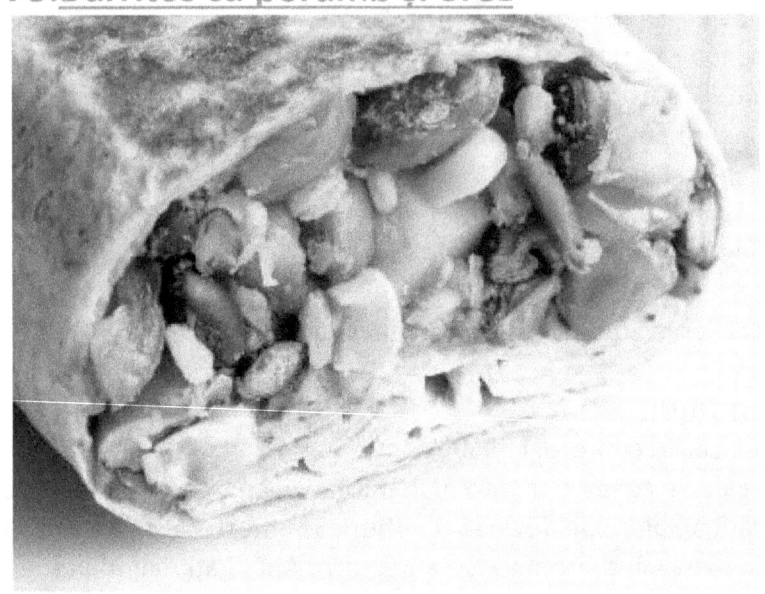

INGREDIENTE:
- 4 uncii de orez fiert
- 16 uncii Fasole neagră conservată
- 15 uncii de porumb din sâmburi întregi
- 4 uncii de ardei iute verde ușor tocat
- ⅔ cană Monterey Jack mărunțit
- ¼ cană coriandru proaspăt tocat
- 8 tortilla de făină; (6 până la 7 inchi)
- 12 uncii salsa ușoară; fara grasimi

INSTRUCȚIUNI:
a) Preîncălziți cuptorul la 425 de grade F. Pregătiți orezul conform indicațiilor de pe etichetă.
b) Între timp, într-un castron mare, combinați fasolea neagră, porumbul, ardeiul ardei, brânza și coriandru.
c) Când orezul este gata, amestecați în amestecul de fasole. Turnați ½ cană de amestec de orez rotunjit de-a lungul centrului fiecărei tortille. Puneți 1 lingură salsa deasupra umpluturii de orez. Îndoiți părțile tortilla peste umplutură, suprapunându-se ușor.
d) Pulverizați o tavă de copt din sticlă sau ceramică de 13" pe 9" cu spray de gătit antiaderent. Pune burrito-urile, cu cusătura în jos, în farfurie. Turnați orice amestec de orez rămas într-un rând în jos în centrul burritos; acoperiți orezul cu salsa rămasă.

74. Fiesta Bean Burrito

INGREDIENTE:
- ½ cană de fasole
- 1 lingura Salsa
- 1 lingurita coriandru tocat, optional
- 1 tortilla de grâu integral

INSTRUCȚIUNI:
a) Întinde fasole peste tortilla.
b) Se presară ingredientele rămase.
c) Se încălzește la cuptorul cu microunde până se încălzește, aproximativ 40 de secunde
d) Rulați tortilla și amestecați într-un burrito.

75.Burritos congelator

INGREDIENTE:
- 2 conserve Fasole neagra
- 2 3 cesti de orez fiert (al dvs
- Genul preferat)
- 1 ceapă mare
- 3 până la 4 căței de usturoi
- Busuioc uscat, chimen, chili
- 1 pachet tortilla cu faina, burrito
- 1 cutie mică de sos de roșii

INSTRUCȚIUNI:

a) Căleți ceapa și usturoiul în uleiul preferat (îmi place să folosesc oțet balsamic sau sherry pentru gătit). Când ceapa este moale, se adaugă condimente (scuze fără măsurători, doar arunc ce arată bine), se mai fierbe câteva minute și se ia de pe foc.

b) Într-un castron mare, turnați 1 cutie de fasole cu suc, scurgeți cealaltă cutie și apoi adăugați fasolea în bol. Adăugați conserva cu sos de roșii. Se zdrobește fasolea până când cea mai mare parte este piure, dar lasă o parte nepasată.

c) Adăugați amestecul de orez și ceapă fiert. Amesteca bine. Rulați burritos, congelați. Acestea fac gustări bune, prânzul sau cina cu o salată și le ador la micul dejun.

76.Caserolă Matzo Burrito

INGREDIENTE:
- Salsa
- Fasole prajita fara grasime
- Matzos
- Ardei gras roșii și verzi
- Ardei iute verzi

INSTRUCȚIUNI:

a) Preîncălziți cuptorul la 350. Într-o caserolă pătrată, întindeți puțină salsa pe fundul tăvii pentru a nu se lipi matzo.

b) Întindeți fasole prăjită FF peste suficiente matzos pentru a acoperi (un strat) fundul vasului. Am pus apoi un strat de ardei gras roșu și verde și apoi un alt strat de matzo cu fasole prăjită. Pe deasupra am pus un strat de ardei iute verzi, un alt matzo și niște salsa și tofu deasupra. Se coace la cuptor pentru aproximativ 15 minute.

c) Matzos se înmoaie ca tortilla, iar acest lucru economisește foarte bine.

77.Burritos cu fasole la microunde

INGREDIENTE:
- 2 lingurite ulei vegetal
- 1 ceapă mică, tăiată mărunt
- 1 ardei Jalapeno mic, fără semințe
- 1 cățel de usturoi, tocat
- ¼ linguriță de chimion măcinat
- ¼ linguriță oregano uscat
- ¼ linguriță de pudră de chili
- 1 praf de seminte de coriandru macinate
- 16 uncii fasole neagră, clătită
- ½ avocado, fără sâmburi, decojit, tăiat cubulețe
- 1 roșie prune, tăiată cubulețe
- 1 ceapă, tocată
- 1 lingura coriandru proaspat tocat
- 2 lingurițe suc proaspăt de lămâie
- 1 praf coaja de lime rasa
- 4 tortilla de făină, încălzite

INSTRUCȚIUNI:

a) Amestecați uleiul, ceapa, jalapeno și usturoiul într-o farfurie de sticlă de 9 inchi. Microgătiți la putere HICH 1 minut.

b) Se amestecă chimen, oregano, praf de chili și coriandru măcinat; microcook, acoperit și aerisit, 1 minut. Se amestecă fasolea și apa; microcook, acoperit și aerisit, 2 minute.

c) Combinați avocado, roșie, ceapă verde, coriandru proaspăt, sucul de lămâie și coaja într-un castron mic. Asezonați salsa după gust cu sare și piper

78.Burritos cu legume la cuptorul cu microunde

INGREDIENTE:
- 1 ardei verde dulce; Tocat
- 1 ceapă; tocat
- 2 catei usturoi; tocat
- 1 lingurita ulei vegetal
- ½ linguriță de chimion măcinat
- ½ linguriță oregano uscat
- 3 cartofi; tăiate cubulețe Pentru fibre adăugate
- 1 cană boabe de porumb
- 6 uncii Sos taco îmbuteliat
- 4 tortilla mari de făină
- ½ cană brânză Cheddar vegană; mărunțită

INSTRUCȚIUNI:
a) Într-o caserolă de 6 căni, combinați ardeiul verde, ceapa, usturoiul, uleiul, chimenul și oregano; cuptorul cu microunde, acoperit, la maxim 2-3 minute sau până când ceapa se înmoaie. Amestecați cartofii și 1 lingură apă; cuptorul cu microunde, acoperit, la maxim 8-10 minute sau până când cartofii sunt fragezi, amestecând de două ori.
b) Se amestecă porumb și sosul taco; cuptorul cu microunde, acoperit, la maxim, timp de 2-4 minute sau până se încinge. Se lasa sa stea 5 minute. Se adauga sare si piper dupa gust.
c) Puneți tortillas cu microunde, descoperite, la maxim 30-40 de secunde sau până când se încălzesc. Se pune pe farfurii de servire; acoperiți cu amestec de cartofi și brânză.
d) Îndoiți 1 capăt, apoi părți; rulează.

79.Burrito cu legume mixte

INGREDIENTE:
- 1 cartof mare -- taiat cubulete
- 2 dovlecei mici -- tocat
- 2 dovlecei galbeni mici -- tocat
- 10 uncii de porumb congelat
- 3 Ardei gras
- 1 rosie mare -- tocata
- 1 ceapa rosie mica -- tocata
- 3 linguri Cilantro -- tocat
- 1 cană smântână, uşoară
- 1 lingurita chili pudra
- 12 uncii de brânză Monterey jack vegană
- 4 tortilla de făină
- 1 felii de avocado

INSTRUCȚIUNI:

a) Aduceți apa la fiert într-o oală acoperită la foc mare. Adăugați cartofii, dovlecelul, dovleceii galbeni, porumbul și ardeii. Reveniți la fiert și gătiți, descoperit, aproximativ 4 minute, până când cartofii sunt doar fragezi. Scurgeți și transformați într-un bol. Adăugați roșia, ceapa, coriandru, smântână, praf de chili, sare, piper și jumătate din brânză. Aruncați ușor.

b) Aranjați tortilla într-un singur strat pe foi de prăjituri tapetate cu hârtie de copt. Puneti ¼ din umplutura in centrul fiecarei tortilla

c) Se pliază şi se coace aproximativ 15 minute, până când brânza se topește.

80.Burrito Mojo cu fasole neagră

INGREDIENTE:
- 2 tortilla mari de faina
- 1 cană cu conținut scăzut de grăsimi fasole neagră prăjită
- 1 cartof dulce
- ½ cană porumb dulce congelat
- 4 uncii Tempeh
- 4 6 linguri de sos taco

INSTRUCȚIUNI:

a) Curățați și tăiați cartofii dulci în bucăți mici. Cubează Tempeh-ul în bucăți mici de mărimea unei mușcături. Se fierbe la abur Tempeh și cubulețe de cartofi timp de 10-15 minute până se înmoaie. Cu aproximativ 2 minute înainte de a fi gata, adăugați porumbul (va trebui să folosiți un coș de aburi cu găuri mici).

b) Între timp, încălziți tortilla la cuptor. Ungeți fiecare cu ½ fasole neagră. Când Tempeh, cartofi dulci și porumb sunt gata, adăugați jumătate din amestec la fiecare burrito și apoi adăugați jumătate de sos taco la fiecare. Rulați strâns și serviți.

c) Acestea fac prânzuri grozave; le poti inveli strans in folie de aluminiu (staniu) si se vor pastra toata ziua.

81. Burritos cu legume Pepita

INGREDIENTE:
- 2 tortilla mari de faina
- 1 cană cu conținut scăzut de grăsimi fasole neagră prăjită
- 1 cartof dulce
- ½ cană porumb dulce congelat
- 4 uncii Tempeh
- 4 6 linguri de sos taco

INSTRUCȚIUNI:

a) Curățați și tăiați cartofii dulci în bucăți mici. Cubează Tempeh-ul în bucăți mici de mărimea unei mușcături. Se fierbe la abur Tempeh și cubulețe de cartofi timp de 10-15 minute până se înmoaie. Cu aproximativ 2 minute înainte de a fi gata, adăugați porumbul (va trebui să folosiți un coș de aburi cu găuri mici).

b) Între timp, încălziți tortilla la cuptor. Ungeți fiecare cu ½ fasole neagră. Când Tempeh, cartofi dulci și porumb sunt gata, adăugați jumătate din amestec la fiecare burrito și apoi adăugați jumătate de sos taco la fiecare. Rulați strâns și serviți.

c) Acestea fac prânzuri grozave; le poti inveli strans in folie de aluminiu (staniu) si se vor pastra toata ziua.

81. Burritos cu legume Pepita

INGREDIENTE:
- 1 Sos de seminte de dovleac
- 1 cană broccoli tocat
- 1 ceapa med, tocata marunt
- 2 catei de usturoi, tocati marunt
- 2 linguri ulei
- 1 cană de 2x1/4-inch fâșii de dovleac galben
- 1 cană de dovlecei fâșii de 2x1/4 inci
- ½ cană ardei gras roșu tocat mărunt
- ¼ cană semințe de dovleac decojite, prăjite
- 1 lingura suc de lamaie
- 1 linguriță ardei iute roșu măcinat
- ¼ lingurita Sare
- ¼ linguriță de chimion măcinat
- 6 tortilla de făină

INSTRUCȚIUNI:
a) Pregătiți sosul de semințe de dovleac . Gatiti broccoli, ceapa si usturoiul in ulei intr-o tigaie de 10 inchi, amestecand frecvent, pana se inmoaie. Se amestecă ingredientele rămase, cu excepția tortillelor. Gatiti, amestecand ocazional, pana cand dovleceii sunt fragezi-crocanti, aproximativ 2 minute.

b) Păstrați cald. Puneți aproximativ ½ cană de amestec de legume în centrul fiecărei tortille. Îndoiți un capăt de tortilla în sus aproximativ 1 inch peste amestec. Îndoiți părțile din dreapta și din stânga peste capătul pliat, suprapunându-se. Îndoiți capătul rămas în jos. Serviți cu sos de semințe de dovleac.

82. Burritos Seitan

INGREDIENTE:
- Usturoi; tăiate cubulețe
- Ceapa; feliate
- 2 ciuperci Portobello uriașe; feliate
- Seitan în stil fajita
- Scorțișoară
- Chimion
- Pudra de chili
- Tortila
- Brânză Cheddar vegană cu conținut scăzut de grăsimi

INSTRUCȚIUNI:

a) Tăiați câteva felii de ceapă și puneți-o într-o tigaie să se prăjească . Adăugați două ciuperci Portobello uriașe . Apoi adăugați feliile de seitan. Adăugați puțină scorțișoară, chimen și pudră de chili.

b) Căldură tortilla până se înmoaie într-o tigaie antiaderentă, se presară o cantitate FOARTE mică de brânză cheddar cu grăsime redusă, se transferă pe o farfurie și se pune ciuperca cu lingura amestec de seitan și pliați ca un burrito.

83. Burrito Umplere

INGREDIENTE:
- 1 cană apă clocotită
- 2 linguri sos de soia
- 1 lingură chili pudră
- ½ lingurita oregano
- 1 cană TVP
- ½ cană ceapă; tocat
- ½ cană piper verde; tocat
- 1 cățel de usturoi; tocat
- Jalapeno după gust; tocat, (optional)
- 1 lingura ulei de masline
- bun si pentru enchiladas!!

INSTRUCȚIUNI:
a) Amestecați apa, sosul de soia, pudra de chili și oregano și turnați peste TVP. Acoperiți și lăsați să stea aproximativ 10 minute. Căleți scurt ceapa, ardeiul verde, usturoiul și jalapeno în ulei
b) Adăugați amestecul TVP și continuați să gătiți până se rumenește. Serviți fierbinte în tacos sau burritos cu toate elementele de fixare.

84.Burritos Grande vegetarian

INGREDIENTE:
- ⅓ cană ulei de măsline
- 3 catei de usturoi fiecare, tocati
- 1 lingura Coriandru, tocat
- ½ lingurita de chimion
- ¼ linguriță fulgi de chile roșu, zdrobiți
- ¼ linguriță de oregano
- cate 1 ardei gras rosu
- 1 fiecare ardei gras verde
- 1 fiecare ardei gras galben
- 1 fiecare ardei Anaheim
- 3 dovlecei galbeni medii
- 1 ceapă roșie mare, feliată
- 6 tortilla de făină fiecare
- 3 căni de fasole neagră, fiartă
- ¼ cană Coriandru, tocat

INSTRUCȚIUNI:
a) Umplutura: Tăiați ardeii, clopoței și chile, împreună cu dovleceii în jumătate, pe lungime. Scoateți semințele din ardei. Folosind o pensulă de patiserie, ungeți-le cu uleiul de ungere. Grătiți sub un grill sau pe un grătar pregătit. Se unge și se întoarce până se înmoaie, aproximativ 5 minute pe fiecare parte.
b) Se ia de pe foc și când se răcește suficient pentru a fi manipulat, se toacă.
c) PENTRU A MONTARE: Cu lingura de fasole ușor decentrat pe tortilla și deasupra cu legume la grătar și coriandru. Îndoiți și mâncați.

TACOS

85.Tacos crocant cu naut

INGREDIENTE:
- 6 tortilla de porumb sau făină
- O cutie de năut de 15 uncii, clătită și scursă
- ½ linguriță pudră de chili ancho
- 3 căni de varză verde mărunțită
- 1 cană morcov mărunțit
- ½ cană ceapă roșie feliată subțire
- ½ cană de ardei poblano fără semințe și tăiate cubulețe mici
- ½ cană ceapă verde feliată
- ¼ cană coriandru proaspăt tocat
- ¼ cană Tofu Caju Maioneza 1 porție
- 2 linguri suc de lamaie ¼ lingurita sare de mare
- 1 avocado, fără sâmburi și feliat
- 1 lingură Sriracha

INSTRUCȚIUNI:

a) Preîncălziți cuptorul la 375°F.

b) Modelați tortilla așezându-le într-un bol antiaderență care se potrivește la cuptor și coaceți-le în cuptor până devin crocante, 5-10 minute.

c) Într-un castron mare, zdrobiți năutul cu o furculiță și stropiți cu pudra de chili.

d) Adăugați varza, morcovul, ceapa roșie, ardeiul poblano, ceapa verde, coriandru, maioneza și sucul de lămâie.

e) Se amestecă bine, adăugând sare ultima.

f) Împărțiți amestecul de salată printre bolurile de taco și acoperiți cu avocado feliat. Adăugați Sriracha dacă vă plac tacos-urile picante.

86.Tacos Tempeh

INGREDIENTE:
- Ulei, pentru tigaie
- 1 pachet (8 uncii) de tempeh
- 1¾ cani de lapte de orez neindulcit
- 1 lingură muștar de Dijon
- 1 lingură sos de soia sau tamari ½ linguriță boia
- 2 linguri fulgi dulse
- 1 lingură drojdie nutritivă ¼ cană făină de porumb
- 13. cană pesmet în stil panko
- 1 lingură tortilla de porumb, pentru tacos
- 1 avocado, feliat

INSTRUCȚIUNI:

a) Preîncălziți cuptorul la 350 de grade F. Pulverizați o foaie de copt cu ulei. Tăiați tempeh-ul în bucăți lungi de 2 inci și groase de ½ inch. Se amestecă ingredientele umede și se lasă deoparte.

b) Pune ingredientele uscate într-un robot de bucătărie și pulsați de câteva ori, până când amestecul este făină fină. Puneți într-un castron mic. Trage fiecare bucată de tempeh în amestecul de lapte de orez, apoi amestecă cu amestecul de pesmet.

c) Puneți pe o foaie de copt în trei rânduri distanță de aproximativ un inch. Pulverizati ulei deasupra bucatilor, apoi coaceti 15 minute. Întoarceți și coaceți încă 15 minute.

d) Serviți imediat într-o tortilla de porumb cu avocado feliat și salsa de mango și piersici.

87. Tacos cu ciuperci cu crema de Chipotle

INGREDIENTE:
- 1 ceapă roșie medie, feliată subțire
- 1 ciupercă portobello mare, tăiată cubulețe de ½ inch
- 6 catei de usturoi, tocati
- Sare de mare dupa gust
- 12 tortilla de porumb de 6 inci
- 1 cană sos de cremă Chipotle
- 2 cani de salata romana tocata
- ½ cană coriandru proaspăt tocat

INSTRUCȚIUNI:
a) Încinge o tigaie mare la foc mediu-înalt.
b) Adăugați ceapa roșie și ciupercile portobello și prăjiți timp de 4 până la 5 minute.
c) Adăugați apă 1 până la 2 linguri o dată pentru a nu se lipi ceapa și ciupercile.
d) Adăugați usturoiul și gătiți timp de 1 minut. Asezonați cu sare.
e) În timp ce ciupercile se gătesc, adăugați 4 tortilla într-o tigaie antiaderentă și încălziți-le câteva minute până se înmoaie.
f) Întoarceți-le și încălziți-le încă 2 minute. Elimina

88.Tacos cu linte, kale și quinoa

INGREDIENTE:
UMPLERE
- 3 cani de quinoa, fiarta (1 cana uscata)
- 1 cană de linte, fiartă (½ cană uscată)
- Un lot de condimente pentru taco
- 1 lingura ulei de cocos
- 3 frunze mari de kale, tulpinile îndepărtate, tocate
- Coji de taco cu porumb albastru

TOppinguri
- 2 avocado, fără sâmburi, decojite și feliate
- Frunze proaspete de coriandru Bucuri proaspete de lime

INSTRUCȚIUNI:

a) Într-o oală mare încălzită la mediu, amestecați quinoa fiartă, lintea, condimentele pentru taco, uleiul de cocos și kale. Se amestecă bine timp de 3 – 5 minute până când căldura ofilește frunzele.

b) Prăjiți coji de taco pe o foaie de copt tapetată cu pergament, conform instrucțiunilor producătorului.

c) Încărcați cojile cu umplutură, apoi acoperiți cu avocado, coriandru și un strop de lime. Serviți cald.

89. Tacos de fasole neagră cu salsa de porumb

INGREDIENTE:
- Gătit ulei de măsline
- 2 catei de usturoi
- 2 ½ căni de fasole neagră, clătită și scursă
- ¼ cană de ovăz
- ¼ cană de făină de porumb
- 1 lingură pudră de chili roșu
- 1 lingurita sare kosher, impartita
- ½ lingurita piper negru (macinat si impartit)
- 8 tortilla de porumb (mici)
- 1 cană de porumb, decongelat dacă este congelat
- 1 ardei gras rosu (mediu, tocat)
- 1 ardei iute verde (mic, cubulete)
- 2 ceai (tocate)
- 2 lime (suc)
- ¼ cană coriandru proaspăt (tocat)

INSTRUCȚIUNI:

a) Preîncălziți cuptorul la 400 ° F și pulverizați ulei de gătit pe o foaie de copt.

b) Adăugați usturoiul tocat într-o mașină de procesat împreună cu fasolea, ovăzul, ardeiul iute și făina de porumb. Adăugați sare și piper înainte de a procesa amestecul.

c) Pregătiți o tavă de copt și întindeți amestecul pe ea. Asigurați-vă că îl stropiți cu ulei de gătit înainte de a coace amestecul timp de 20 până la 30 de minute.

d) înainte de a o pulveriza cu mai mult ulei de gătit și de a continua coacerea. Acest lucru vă ajută să vă asigurați că întregul amestec este copt uniform.

e) Odată copt, scoateți amestecul de fasole într-un castron și amestecați-l bine cu porumb, ardei gras, chili și ceai.

f) Tortilele trebuie învelite în folie și încălzite la cuptor timp de 5 minute.

g) Întindeți amestecul de fasole pe tortilla și serviți cu salsa de porumb și topping cu coriandru.

90.Tacos Haloumi la grătar

INGREDIENTE:
- Ulei de masline
- 2 spice decorticate de porumb
- Sare cușer
- Piper negru
- 1 ceapa mica, rosie, feliata
- ½ kg halloumi, feliat în felii groase
- 8 tortilla de porumb

INSTRUCȚIUNI:
a) Pregătiți grătarul punându-l la foc mediu-mare și ungeți bine grătarele.
b) Ungeți ușor cojile de porumb cu ulei și asezonați la fel cu sare și piper. Se amestecă rondelele de ceapă cu ulei, sare și piper. Prăjiți ambele ingrediente, 10-15 minute pentru porumb și 4 minute pentru ceapă, întorcându-le des pentru a vă asigura că este fragedă și că este carbonizată pe pete.
c) Odată ce porumbul se răcește, tăiați boabele din știuleți și puneți-le într-un castron mediu.
d) Ungeți brânza cu puțin ulei, iar după ce o asezonați cu puțină sare și piper, o dați la grătar o dată pe fiecare parte pentru a se carboniza și a se încălzește complet.
e) Încălzește tortilla în cuptorul cu microunde sau pe o parte mai rece a grătarului pentru a le înmuia.
f) Împărțiți brânza printre tortilla, acoperindu-le cu ceapă, porumb, avocado, coriandru, salsa și felii de lime.

91.Taco simplu vegan

INGREDIENTE:
- 2 tacos din grau
- ½ cană fasole neagră
- 1 avocado, feliat
- 2 roșii cherry, tăiate în patru
- 1 ceapa, tocata
- Patrunjel proaspat
- Suc de lămâie
- 1 lingură măsline
- ulei
- Sare
- Alegerea ta de sos iute

INSTRUCȚIUNI:
a) Încinge taco pentru a-l încălzi bine.
b) Puneți toate ingredientele pe taco în orice ordine doriți. De asemenea, puteți încălzi toate legumele într-o tigaie medie.
c) Pur și simplu încălziți uleiul, adăugați ceapa, fasolea și roșiile cherry și presărați puțină sare peste tot.
d) Scoateți după un minut de amestecare constantă.
e) Serviți tacos, presărați cu puțin pătrunjel, avocado feliat, un strop de suc de lămâie și sosul chili iute în care să vă înmuiați.

92.Taco cu fasole și porumb la grătar

INGREDIENTE:
- 2 tacos de porumb
- ½ cană fasole neagră
- Porumb la grătar pe știulete
- 1 avocado, feliat
- 2 roșii cherry, tăiate în patru
- 1 ceapa mica, tocata
- Patrunjel proaspat
- ¼ lingurita de chimen
- Sare
- Piper negru proaspăt măcinat
- 1 lingura Ulei pentru gratar

INSTRUCȚIUNI:

a) Pregătiți grătarul punându-l la foc mediu-mare și ungeți bine grătarele.

b) Ungeți ușor cojile de porumb cu ulei și asezonați la fel cu sare și piper. Porumbul la grătar timp de 10-15 minute, întorcându-l des pentru a vă asigura că este fraged și carbonizat pe alocuri.

c) Odată ce porumbul se răcește, tăiați boabele din știuleți și puneți-le într-un castron mediu.

d) Se amestecă cu fasole neagră, avocado feliat, roșii cherry, ceapă tocată și pătrunjel proaspăt și se condimentează cu sare, piper negru și chimen. Stoarceți niște lime proaspătă pentru o umplutură acidulată.

e) Puneți taco și savurați cu o baie la alegere.

93.Taco cu salată de fasole neagră și orez

INGREDIENTE:
- Scoici de taco
- 3 Lime, coaja și suc
- 1 cană de roșii cherry, fiecare tăiată în 4 bucăți
- ¼ cană oțet de vin roșu
- ¼ cană ceapă roșie, zaruri mici
- ¼ de cană de amestec de coriandru, busuioc și ceai verde, toate chiffonate
- 1 lingurita de usturoi, tocat
- 1 conserve Porumb, scurs
- 1 ardei iute verde, taiat cubulete mici
- 1 ardei gras roșu, portocaliu sau galben
- 1 conserva de fasole neagra, scursa
- 1 ½ cană de orez alb, fiert și ținut la cald
- Sare și piper pentru a asezona.

INSTRUCȚIUNI:

a) Tăiați roșiile cherry în sferturi și marinați-le cu ceapă roșie tăiată cubulețe, oțet de vin roșu, usturoi și sare timp de 30 de minute.

b) Adunați și pregătiți ardei, ierburile și limele. Combinați-le pe toate împreună cu fasolea neagră și porumbul scurs și asezonați bine cu sare și piper.

c) Adăugați amestecul de roșii la amestecul de fasole. Apoi adăugați orezul cald. Gustați și adăugați sare dacă este necesar.

d) Serviți în coji de taco.

94.Tacos mestecat cu nuci

INGREDIENTE:
CARNE TACO
- 1 cană nuci crude
- 1 lingură fulgi de drojdie
- 1 lingura de tamari
- ½ linguriță de chimen măcinat
- ¼ linguriță de ardei chipotle praf
- 1 lingurita chili

UMPLERE
- 1 Hass avocado
- 1 roșie Roma, tăiată mărunt
- 6 linguri dip de brânză de caju afumat
- 4 frunze mari de salata verde

INSTRUCȚIUNI:
CARNE TACO
a) Puneți nucile, drojdia nutritivă, tamari, pudra de chili, chimenul și pudra de ardei iute într-un robot de bucătărie și faceți piure până când amestecul seamănă cu firimituri grosiere.

UMPLERE
b) Pentru toppinguri, puneți avocado într-un castron mic și zdrobiți cu o furculiță până la omogenizare. Se amestecă roșia.

c) Pentru a asambla fiecare taco, puneți o frunză de salată verde pe o masă de tăiat, cu coastele în sus. Puneți ¼ de cană de carne de taco de nucă în centrul foii.

d) Acoperiți cu 1½ linguriță de dip de brânză de caju și un sfert din amestecul de avocado.

95. Seitan Tacos

INGREDIENTE:
- 2 linguri ulei de masline
- 12 uncii seitan
- 2 linguri sos de soia
- 11/2 lingurițe pudră de chili
- 1/4 lingurita chimen macinat
- 1/4 lingurita praf de usturoi
- 12 tortillas moi de porumb (6 inchi).
- 1 avocado Hass copt
- Salată romană mărunțită
- 1 cană salsa de roșii

INSTRUCȚIUNI:
a) Într-o tigaie mare, încălziți uleiul la foc mediu. Adaugati seitanul si gatiti pana se rumenesc aproximativ 10 minute. Stropiți cu sosul de soia, pudra de chili, chimenul și pudra de usturoi, amestecând pentru a se acoperi. Se ia de pe foc.
b) Preîncălziți cuptorul la 225°F. Într-o tigaie medie, încălziți tortilla la foc mediu și stivuiți-le pe o farfurie rezistentă la căldură. Acoperiți cu folie și puneți-le la cuptor pentru a le menține moi și calde.
c) Sâmburele și curățați avocado și îl tăiați în felii de 1/4 inch.
d) Aranjați umplutura de taco, avocado și salată verde pe un platou și serviți împreună cu tortilla încălzite, salsa și orice topping suplimentar.

GYROS

96.Gyros de naut si legume

INGREDIENTE:
- 1 conserve (15 oz) de năut, scurs și clătit
- 1 cană de castraveți mărunțiți
- 1 cană morcovi mărunțiți
- 1/4 cana ceapa rosie tocata
- 2 catei de usturoi, tocati
- 1 lingurita chimen macinat
- 1 lingurita boia afumata
- Sare si piper dupa gust
- 2 linguri ulei de masline
- Sos tzatziki vegan
- Lipie
- Roșii tăiate felii și salată verde pentru ornat

INSTRUCȚIUNI:

a) Intr-un robot de bucatarie, pulsati naut pana se toaca grosier.

b) Într-un castron, combinați năutul tocat, castravetele mărunțiți, morcovii mărunțiți, ceapa roșie, usturoiul tocat, chimenul, boia de ardei afumată, sare, piper și uleiul de măsline. Amesteca bine.

c) Încinge o tigaie la foc mediu și gătește amestecul până se încălzește.

d) Încălziți pâinea pita în cuptor sau pe o tigaie.

e) Asamblați gyros punând amestecul de năut pe fiecare pita. Acoperiți cu sos tzatziki vegan, roșii tăiate felii și salată verde.

97.Gyros cu ciuperci Portobello la grătar

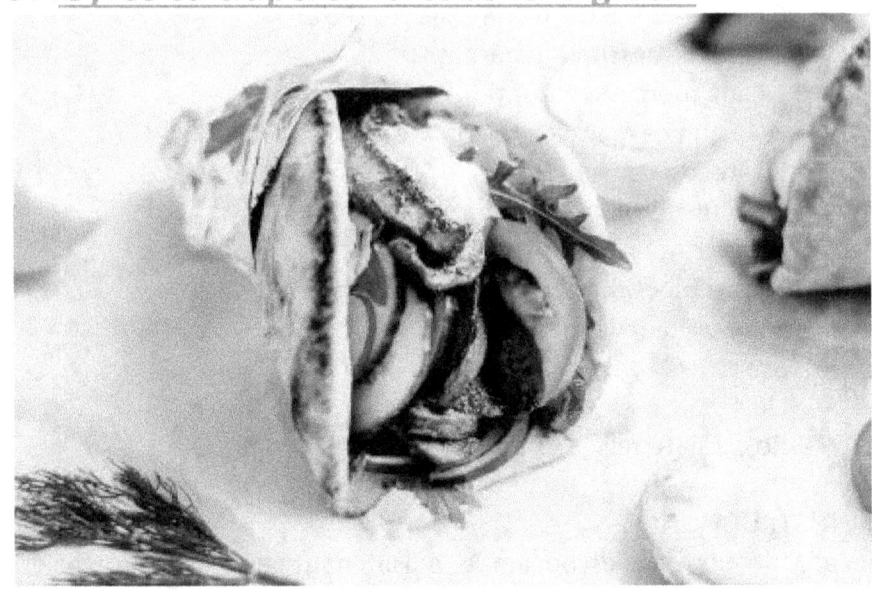

INGREDIENTE:
- 4 ciuperci portobello mari, curatate si feliate
- 1/4 cana otet balsamic
- 2 linguri ulei de masline
- 2 catei de usturoi, tocati
- 1 lingurita oregano uscat
- Sare si piper dupa gust
- Sos tzatziki vegan
- Lipie
- Ceapă roșie și castraveți tăiați felii pentru decor

INSTRUCȚIUNI:
a) Într-un castron, amestecați oțetul balsamic, uleiul de măsline, usturoiul tocat, oregano, sare și piper.
b) Marinați feliile de ciuperci portobello în amestec timp de cel puțin 30 de minute.
c) Prăjiți ciupercile marinate până se înmoaie.
d) Încălziți pâinea pita în cuptor sau pe o tigaie.
e) Asamblați gyros punând feliile de portobello la grătar pe fiecare pita. Acoperiți cu sos tzatziki vegan, ceapă roșie feliată și castraveți.

98.Gyros de fructe de jac

INGREDIENTE:
- 2 cutii (20 oz) de fructe de iac verde tânăr, scurse și mărunțite
- 1 lingura ulei de masline
- 1 lingurita chimen macinat
- 1 lingurita boia afumata
- 1 lingurita praf de usturoi
- Sare si piper dupa gust
- Sos tzatziki vegan
- Lipie
- Salată verde tăiată felii și roșii cherry pentru decor

INSTRUCȚIUNI:
a) Într-o tigaie, încălziți ulei de măsline la foc mediu. Adăugați fructe de jac mărunțite, chimen, boia afumată, pudră de usturoi, sare și piper. Gatiti pana cand fructul de jac este incalzit si bine acoperit cu condimente.
b) Încălziți pâinea pita în cuptor sau pe o tigaie.
c) Asamblați gyros punând fructele de jac condimentate pe fiecare pita. Acoperiți cu sos tzatziki vegan, salată verde feliată și roșii cherry.
d) Bucurați-vă de aceste opțiuni de gyro vegane gustoase!

99. Tofu Gyros

INGREDIENTE:
- 1 bloc de tofu extra ferm, presat și tăiat în fâșii subțiri
- 2 linguri sos de soia
- 1 lingura ulei de masline
- 1 lingurita oregano uscat
- 1 lingurita praf de usturoi
- Sare si piper dupa gust
- Sos tzatziki vegan
- Lipie
- Ceapă roșie și castraveți tăiați felii pentru decor

INSTRUCȚIUNI:
a) Într-un castron, amestecați sosul de soia, uleiul de măsline, oregano uscat, pudra de usturoi, sare și piper.
b) Marinați fâșiile de tofu în amestec timp de cel puțin 30 de minute.
c) Încinge o tigaie la foc mediu-mare și gătește tofu marinat până când se rumenește pe ambele părți.
d) Încălziți pâinea pita în cuptor sau pe o tigaie.
e) Asamblați gyros punând tofu gătit pe fiecare pita. Acoperiți cu sos tzatziki vegan, ceapă roșie feliată și castraveți.

100.Gyros de linte și ciuperci

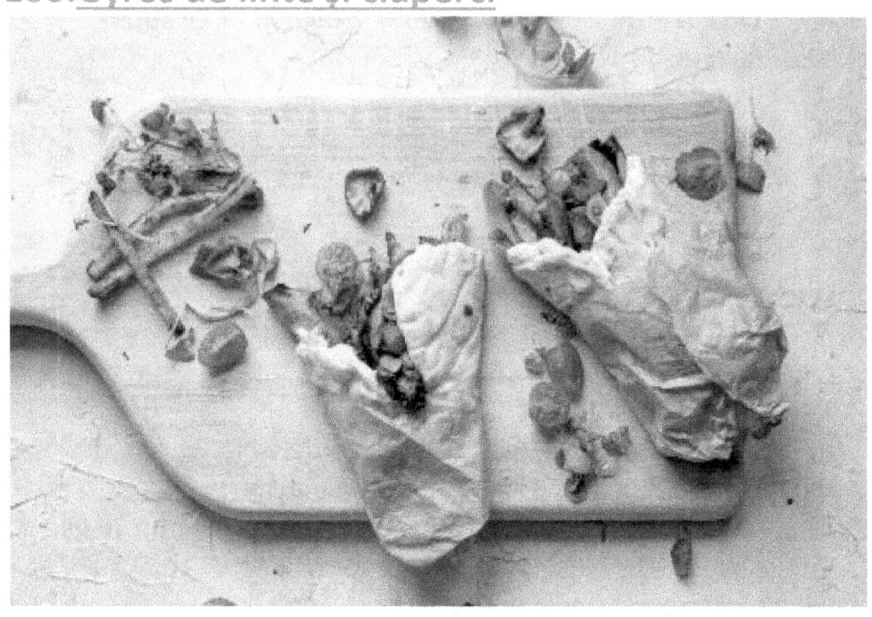

INGREDIENTE:
- 1 cană linte fiartă
- 1 cană ciuperci tocate mărunt
- 1 ceapa rosie mica, tocata marunt
- 2 catei de usturoi, tocati
- 1 lingurita chimen macinat
- 1 lingurita boia afumata
- Sare si piper dupa gust
- 2 linguri pasta de tomate
- Sos tzatziki vegan
- Lipie
- Roșii tăiate felii și salată verde pentru ornat

INSTRUCȚIUNI:
a) Într-o tigaie, căliți ciupercile, ceapa roșie și usturoiul până se înmoaie.
b) Adăugați în tigaie linte fiartă, chimen măcinat, boia afumată, sare, piper și pasta de roșii. Se amestecă bine și se fierbe până se încălzește.
c) Încălziți pâinea pita în cuptor sau pe o tigaie.
d) Asamblați gyros punând amestecul de linte și ciuperci pe fiecare pita. Acoperiți cu sos tzatziki vegan, roșii tăiate felii și salată verde.

CONCLUZIE

Pe măsură ce încheiem călătoria noastră aromată prin „Mâncărurile vegane pe stradă: burgeri, tacos, gyros și altele", sperăm că ați experimentat bucuria de a vă satisface poftele vegane, câte o bucată de stradă. Fiecare rețetă din aceste pagini este o sărbătoare a creativității, aromelor îndrăznețe și a inspirației globale care fac ca mâncarea de stradă pe bază de plante să fie atât de delicioasă - o dovadă a satisfacției care vine la fiecare mușcătură.

Fie că ați savurat bunătățile alimentate de plante ale burgerilor vegani, dacă ați îmbrățișat varietatea de tacos vegani sau v-ați răsfățat cu deliciile savuroase ale gyrosurilor pe bază de plante, avem încredere că aceste rețete v-au aprins pasiunea pentru a vă bucura de mâncarea vegană de stradă. Dincolo de ingrediente și tehnici, „MÂNCAȚE VEGANE DE STRADA: BURGERI, TACOS, GYROS ȘI MULTE" poate deveni o sursă de inspirație, o sărbătoare a creativității pe bază de plante și o reamintire că satisfacerea poftelor vegane este atât incitantă, cât și delicioasă.

Pe măsură ce continuați să explorați lumea mâncărurilor de stradă pe bază de plante, această carte de bucate să vă fie însoțitorul de încredere, ghidându-vă printr-o varietate de rețete care prezintă natura îndrăzneață, aromată și satisfăcătoare a mâncării stradale vegane. Iată pentru a savura creativitatea, a recrea clasicele pe bază de plante și a îmbrățișa bucuria care vine la fiecare mușcătură. Gătit fericit!

www.ingramcontent.com/pod-product-compliance
Lightning Source LLC
Chambersburg PA
CBHW071323110526
44591CB00010B/1006